영혼의 소리 도자기 연출법
이오순 지음

JMG

영혼의 소리 도자기 연출법
이오순 지음

JMG

■ 책을 펴내며

붓은 칼보다 강하고 도자기는 붓보다 강하다

세상에는 좋은 글도 많고 좋은 말도 많다.
하루하루 살아오면서 육신의 평안과 영혼의 안녕을 위하여 새로운 가르침이 또 무엇이 필요한지 궁금해지는 시간대이다.

인류는 수학, 과학, 철학, 물리학, 화학, 천문학, 사회학, 심리학 등 폭넓은 분야를 각자가 연구하면서 서로 교류하고 소통하는 관계 속에서 오늘에 이르고 있다.

저자는 우주 만물의 근원인 태극설과 함께 하늘과 땅이 나누어지지 않은 공간에서 **음양오행의 원소**에 의하여 천지가 창조되었다는 기틀 위에서 도자기 연출법을 독자 여러분께 어필하고자 한다.

저자는 그동안 역학을 연구하면서 오행학에 관한 공식과 방정식을 점술을 행하는 따위의 행위가 아니라 우주 만물의 법칙과 법도에 의한 자연의 이치가 사람의 운명에 적용할 수 있는가의 여부를 두고 오랜 기간 고심하였다.

그러던 중 사람과 밀접한 관계에 있는 도자기를, 염두에 두고 운기 발현 도자기 연출법을 창안하게 되었다.

동양오행(삼라만상 유지관리)의 원리를 근간으로 한 후 **서양오행**(삼라만상 천지창조)의 원리를 심도 있게 정립하여 도표를 만들었으며, 오행학에 따라 사람의 일상생활에 응용할 수 있는 도자기 연출법을 창안하게 되었다. 즉, 천지창조의 원소적 상생 나열과 삼라만상을 유지관리하는 오행 사상의 표시에 의한 **운기 발현 도자기 연출법**을 완성해낸 것이다.

도자기를, 사람과 보이지 않는 정신세계의 운력을 연결하는데 교두보로 삼았으며, 이는 표징 또는 이적용(異蹟用)으로 적합함을 알게 되었다. 도자기에는 옛 선조들의 삶의 애환과 시대적 흐름과 배경이 내재되어 있으며, 인간사에 밀접하게 다가갈 수 있는 도상학이 서려 있는 산물이기 때문이다. 이러한 노하우(know-how)가 서려 있는 이 산물은 그 어떤 종교적 의식이나 의례 또는 굿, 부적(符籍)보다 뛰어난 운력을 발휘할 수 있으며, 또한 단품에서 찾아볼 수 없는 예술성을 두 점 이상 연출함으로 인하여 예술성의 가치를 높이는 한편 현시대에 부합되는 도자기 연출법임을 알기 쉽게 피력할 수 있었다.

본서의 내용은 동양오행사상의 표시에 의한 학술을 근간으로 공식과 방정식을 적용하여 사람과 도자기의 불가분의 관계를 **천 · 지 · 인**의 매개체를 응용한 새로운 현실적 패러다임으로써, **〈운기 발현 도자기 연출법〉**을 기술하여 도자기 시장의 공급과 수요의 양상을 새롭게 하는 데 그 목적이 있으며, 이러한 패러다임은 세계 최초로 특허청으로부터 도자기에 부착하는 캐릭터 상표실용신안을 출원, 등록하게 되었다.

힘이 가해지는 물체는 변한다. 뉴턴의 법칙이다.
비물체(運氣, 운기) 는 자신의 염원이 가해져야만 운명이 변한다. 사뭇 삶의 질이 향상되고 일반 영(靈)에서 고급 영으로 거듭나기 위해서는 자신의 염원이 확고해야 하며 혼자의 힘이 아니라 자신의 내면을 깨우는 물체의 매개물이 필요하다.

살아생전 현타(現 time : 현실 자각 타임)에 빠졌을 때 헤어 나올 수 있는 열쇠(保惠師)는 반드시 확보해야 한다. 과학적으로 설명하지는 못하지만 무유론(無有論: 無始無終)의 법칙에서는 가능할 수 있다.

저자는 오행학에 의한 **〈영혼의 소리 도자기 연출법〉**으로 그 매개체를 삼았다. 시대적 변천에 따라 구시대적 부적(符籍) 개념은 타

파하고 보다 현실적이고 과학적인 도자기 연출로 새로운 패러다임을 기록하였다.

이 책을 마치며 최선을 다했으나 완전무결하다고는 말하지 않겠다. 또 '이 책을 읽는 모든 독자 제위분들께 공감을 안겨드리며 소기의 목적을 이룰 수 있을 것이다.'라고도 말하지 않겠다. 이 세상 모든 종교는 그 체험적 에너지에 대하여 과학으로 입증하지 못하듯이 이 책의 내용도 그러하며, 어떤 종교와도 부합이 가능하다. 또 한편으로는 종교와 관련이 없는 내용으로도 볼 수 있음과 동시에 자기의 내면을 깨닫는 데 중요한 역할을 할 수 있는 매개물의 관점으로 다가설 수도 있다.

이 책을 읽고 뜻을 같이하는 사해동포 여러분들은 자신의 사명을 완수하기 바란다.

2025년 4월

이 오 순 드림

차 례

■ 책을 펴내며 / 8

제1부 신과 사람의 대화 : 사람이 묻고 신이 대답하다 / 24
(신의 횡설수설과 사람의 주저리)

1-1. 제 육신과 영혼은 어디서 왔나이까? / 26

- 1-1-1. 신이시여, 하늘과 땅이 나누어지기 전의 공간은 얼마나 컸나이까? / 26
- 1-1-2. 신이시여, 제 육신과 영혼은 어디서 왔나이까? / 30
- 1-1-3. 신이시여, 영혼이 태양계를 떠나 은하계를 탈출할 수 있나이까? / 34
- 1-1-4. 신이시여, 도자기가 매개체로 적합하나이까? / 39
- 1-1-5. 신이시여, 불교에서 부처를 모셔놓고 기도하는 것은 우상이나이까? / 45
- 1-1-6. 신이시여, 사람이 살아가면서 죄를 많이 지으면 사람 외 다른 동물이나 생명체로 태어난다는데 그러하나이까? / 49
- 1-1-7. 신이시여, 앞으로 인류의 영혼은 무사하나이까? / 56

1-1-8. 신이시여,
　　　낙태는 살인인가요? / 59

1-1-9. 신이시여,
　　　어찌하여 사람과 생명체는 온갖 질병이나
　　　먹잇감으로 고통받으면서 살도록 만드셨나이까? / 63

1-2. 저와 우주는 어떤 관계이나이까? / 70

1-2-1. 신이시여,
　　　신병이라고 하여 내림굿을 받고 무속인이
　　　되는 사람들이 있는데 이는 왜 그러하나이까? / 70

1-2-2. 신이시여,
　　　오행의 끈은 무엇이나이까? / 76

1-2-3. 신이시여,
　　　저와 우주는 어떤 관계이나이까? / 80

1-2-4. 신이시여, 천지창조의 원리를
　　　다섯 단계로 이루었다 함은 무엇이나이까? / 82

1-2-5. 신이시여,
　　　남자와 여자 둘 중 누가 먼저 돌연변이였나이까? / 88

1-3. 정녕, 신께서는 전지전능하시나이까? / 94

1-3-1. 신이시여,
　　　인간사 가족사에 갈등과 반목은 어떻게 슬기롭게 대처하나이까? / 94

1-3-2. 신이시여,
      신께서는 남자이옵니까? 여자이옵니까? / 97

1-3-3. 신이시여,
      솔직히 또 다른 나의 정체에 대하여 잘 모르겠나이다 / 102

1-3-4. 신이시여,
      신께서는 정녕 전지전능하신지요? / 105

1-3-5. 신이시여,
      제가 가난한 사람이라 돈이 당장 필요하나이다. 어찌하면 되오리까? / 113

제2부 붓은 칼보다 강하고
도자기는 붓보다 강하다 / 120

2-1. 붓은 칼보다 강하고 도자기는 붓보다 강하다 / 122

2-1-1. 사람과 도자기는 불가분의 관계 :
      붓은 칼보다 강하고 도자기는 붓보다 강하다 / 122

2-1-2. 오행 [火]-붉은색의 운기 발현 / 126

2-1-3. 9와 9의 배수의 신비 / 129

2-1-4. 동양오행과 천지창조 오행의 이해 / 133

2-1-5. 오행에 의한 삼라만상 유지관리와 천지창조 사상의 표시 / 136

2-1-6 12지지에 의한 각띠별 삼합 도자기 연출법 / 137

2-2. 쥐, 용, 원숭이띠에 적합한
운기 발현 삼합 연출 도자기 / 139

2-2-1. 동물 도안편: 신자진(申子辰: 원숭이, 쥐, 용) / 139

2-2-2. 단색 별편: 신자진(申子辰: 원숭이, 쥐, 용) / 140

2-2-3. 동물 도안과 단색편: 신자진(申子辰: 원숭이, 쥐, 용) / 140

2-2-4. 동물과 각 문양편: 신자진(申子辰: 원숭이, 쥐, 용) / 141

2-2-5. 단색과 각 문양편: 신자진(申子辰: 원숭이. 쥐, 용) / 142

2-2-6. 각 문양편: 신자진(申子辰: 원숭이, 쥐, 용) / 142

2-3. 소, 뱀, 닭띠에 적합한
운기 발현 삼합 연출 도자기 / 143

2-3-1. 동물 도안편: 사유축(巳酉丑: 뱀, 닭, 소) / 143

2-3-2. 단색 별편: 사유축(巳酉丑: 뱀, 닭, 소) / 144

2-3-3. 동물 도안과 단색편: 사유축(巳酉丑: 뱀, 닭, 소) / 144

2-3-4. 동물과 각 문양편: 사유축(巳酉丑: 뱀, 닭, 소) / 145

2-3-5. 단색과 각 문양편: 사유축(巳酉丑: 뱀, 닭, 소) / 145

2-3-6. 각 문양편: 사유축(巳酉丑: 뱀, 닭, 소) / 146

2-4. 범, 말, 개띠에 적합한
운기 발현 삼합 연출 도자기 /147

2-4-1. 동물 도안편: 인오술(寅午戌: 범, 말, 개) / 147

2-4-2. 단색 별편: 인오술(寅午戌: 범, 말, 개) / 148

2-4-3. 동물 도안과 단색편: 인오술(寅午戌: 범, 말, 개) / 148

2-4-4. 동물과 각 문양편: 인오술(寅午戌: 범, 말, 개) / 149

2-4-5. 단색과 각 문양편: 인오술(寅午戌: 범, 말, 개) / 149

2-4-6. 각 문양편: 인오술(寅午戌: 범, 말, 개) / 150

2-5. 토끼, 양, 돼지띠에 적합한
운기 발현 삼합 연출 도자기 / 151

2-5-1. 동물 도안편: 해묘미(亥卯未: 돼지, 토끼, 양) / 151

2-5-2. 단색 별편: 해묘미(亥卯未: 돼지, 토끼, 양) / 152

2-5-3. 동물 도안과 단색편: 해묘미(亥卯未: 돼지, 토끼, 양) / 152

2-5-4. 동물과 각 문양편: 해묘미(亥卯未: 돼지, 토끼, 양) / 153

2-5-5. 단색과 각 문양편: 해묘미(亥卯未: 돼지, 토끼, 양) / 153

2-5-6. 각 문양편: 해묘미(亥卯未: 돼지, 토끼, 양) / 154

2-6. 숫자 9의 운기 발현과
영합 도자기 연출법 / 155

2-6-1. 9의 영합(靈合) 도자기 연출법은 천지창조의 오원소와
유지관리의 오원소가 합체되어 그 공식을 이룬다. / 155

2-7. 쥐띠(子)에 해당하는
9방수(方數) 영합 도자기 연출법 / 159

2-7-1. 예: 동물과 동물 도안 / 159

2-7-2. 예: 문양과 문양 / 160

2-7-3. 예: 단색과 문양 / 160

2-7-4. 예:단색과 단색 / 161

2-8. 말띠(午)에 해당하는
9방수(方數) 영합 도자기 연출법 / 162

2-8-1. 예: 동물과 동물 도안 / 162

2-8-2. 예:문양과 문양 / 163

2-8-3. 예: 단색과 문양 / 163

2-8-4. 예: 단색과 단색 / 164

2-9. 범띠(寅)에 해당하는
9방수(方數) 영합 도자기 연출법 / 165

2-9-1. 예: 동물과 동물 도안 / 165

2-9-2. 예: 문양과 문양 / 166

2-9-3. 예: 단색과 문양 / 166

2-9-4. 예: 단색과 단색 / 167

2-10. 원숭이띠(申)에 해당하는
9방수(方數) 영합 도자기 연출법 / 168

2-10-1. 예: 동물과 동물 도안 / 168

2-10-2. 예: 문양과 문양 / 169

2-10-3. 예: 단색과 문양 / 169

2-10-4. 예: 단색과 단색 / 170

2-11. 개띠(戌)에 해당하는
9방수(方數) 영합 도자기 연출법 / 171

2-11-1. 예: 동물과 동물 도안 / 171

2-11-2. 예: 문양과 문양 / 172

2-11-3. 예: 단색과 문양 / 172

2-11-4. 예: 단색과 단색 / 173

2-12. 용띠(辰)에 해당하는
9방수(方數) 영합 도자기 연출법 / 174

2-12-1. 예: 동물과 동물 도안 / 174

2-12-2. 예: 문양과 문양 / 175

2-12-3. 예: 단색과 문양 / 175

2-12-4. 예: 단색과 단색 / 176

2-13. 돼지띠(亥)에 해당하는
9방수(方數) 영합 도자기 연출법 / 177

2-13-1. 예: 동물과 동물 도안 / 177

2-13-2. 예: 문양과 문양 / 178

2-13-3. 예:단색과 문양 / 178

2-13-4. 예: 단색과 단색 / 179

2-14. 뱀띠(巳)에 해당하는
9방수(方數) 영합 도자기 연출법 / 180

2-14-1. 예: 동물과 동물 도안 / 180

2-14-2. 예: 문양과 문양 / 181

2-14-3. 예: 단색과 문양 / 181

2-14-4. 예: 단색과 단색 / 182

2-15. 토끼띠(卯)에 해당하는
9방수(方數) 영합 도자기 연출법 / 183

2-15-1. 예: 동물과 동물 도안 / 183

2-15-2. 예: 문양과 문양 / 184

2-15-3. 예: 단색과 문양 / 184

2-15-4. 예: 단색과 단색 / 185

2-16. 닭띠(酉)에 해당하는 9방수(方數) 영합 도자기 연출법 / 186

2-16-1. 예: 동물과 동물 도안 / 186

2-16-2. 예: 문양과 문양 / 187

2-16-3. 예: 단색과 문양 / 187

2-16-4. 예: 단색과 단색 / 188

2-17. 소띠(丑)에 해당하는 9방수(方數) 영합 도자기 연출법 / 189

2-17-1. 예: 동물과 동물 도안 / 189

2-17-2. 예: 문양과 문양 / 190

2-17-3. 예: 단색과 문양 / 190

2-17-4. 예: 단색과 단색 / 191

2-18. 양띠(未)에 해당하는 9방수(方數) 영합 도자기 연출법 / 192

2-18-1. 예: 동물과 동물 도안 / 192

2-18-2. 예: 문양과 문양 / 193

2-18-3. 예: 단색과 문양 / 193

2-18-4. 예: 단색과 단색 / 194

제3부 삼원 통관 연동 연계 도자기 연출법 / 196

3-1. 삼원(三元) 통관
연동연계(聯動連繫) 도자기 연출법 / 198

3-1-1. 통관 용신법 / 201
3-1-2. 육신 용신법 / 201

3-2. 범띠(寅) 목(木)에 해당하는
삼원 통관 도자기 연출법 / 203

3-2-1. 토끼띠(卯) 목(木)에 해당하는 삼원(三元) 통관 도자기 연출법 / 2075
3-2-2. 말띠(午)에 해당하는 삼원 통관 도자기 연출법 / 206
3-2-3. 뱀띠(巳)에 해당하는 삼원 통관 도자기 연출법 / 207
3-2-4. 용띠(辰)에 해당하는 삼원 통관 도자기 연출법 / 208
3-2-5. 개띠(戌)에 해당하는 삼원 통관 도자기 연출법 / 209
3-2-6. 소띠(丑)에 해당하는 삼원 통관 도자기 연출법 / 210
3-2-7. 양띠(未)에 해당하는 삼원 통관 도자기 연출법 / 211
3-2-8. 원숭이띠(申)에 해당하는 삼원 통관 도자기 연출법 / 212
3-2-9. 닭띠(酉)에 해당하는 삼원 통관 도자기 연출법 / 213
3-2-10. 쥐띠(子)에 해당하는 삼원 통관 도자기 연출법 / 214
3-2-11. 돼지띠(亥)에 해당하는 삼원 통관 도자기 연출법 / 215

제4부 각 단색과 동물과
문양을 조합할 때의 순서와 연출 수 / 216

4-1. 각 단색과 동물과
문양을 조합할 때의 순서와 연출 수 / 218

4-1-1. 두 가지로 조합하여 도자기를, 연출할 때 / 219

4-1-2. 세 가지로 조합하여 도자기를, 연출할 때 / 220

4-1-3. 각 띠별 적합한 운기 발현 연출 도자기 / 222

4-1-4. 모든 띠에 해당하는 작품 / 224

4-1-5. 오행(木, 양) 범띠(寅)에 적합한 도자기 / 225

4-1-6. 오행(木, 음) 토끼띠(卯)에 적합한 도자기 / 226

4-1-7. 오행(火, 음) 뱀띠(巳)에 적합한 도자기 / 227

4-1-8. 오행(火, 양) 말띠(午)에 적합한 도자기 / 228

4-1-9. 오행(土, 음) 소띠(丑)에 적합한 도자기 / 229

4-1-10. 오행(土, 양) 용띠(辰)에 적합한 도자기 / 230

4-1-11. 오행(土, 음) 양띠(未)에 적합한 도자기 / 231

4-1-12. 오행(土, 양) 개띠(戌)에 적합한 도자기 / 232

4-1-13. 오행(金, 양) 원숭이띠(申)에 적합한 도자기 / 233

4-1-14. 오행(金, 음) 닭띠(酉)에 적합한 도자기 / 234

4-1-15. 오행(水, 양) 쥐띠(子)에 적합한 도자기 / 235

4-1-16. 오행(水, 음) 돼지띠(亥)에 적합한 도자기 / 236

제5부 도자기 연출에 적합한 도자기와 적합하지 않은 도자기 / 238

5-1. 도자기 연출에 적합한 도자기와 적합하지 않은 도자기 / 240

5-1-1. 적합한 도자기 / 240

5-1-2. 적합하지 않은 도자기 / 241

5-1-3. 한글 캐릭터 오인방 이미지 / 242

5-1-4. 오행의 표시에 부합된 한글 캐릭터 도표 / 242

5-1-5. 한글 캐릭터와 각 12지지 동물이 도안 된 도자기 / 243

5-1-6. 도자기에 부착하는 한글 캐릭터와 각 12지지 동물이 도안 된 스티커 / 244

5-1-7. 한글 캐릭터 실용신안 등록증 / 245

5-1-8. 연출 전용 한글 캐릭터 응용과 이미지 / 246

5-1-9. 연출 전용 도자기에 의한 삼합 연출 도자기 이미지와 부착 캐릭터 / 248

5-1-10. 연출 전용 도자기에 의한 영합 연출 도자기 이미지와 부착 캐릭터 / 249

5-1-11. 연출 전용 도자기에 의한 삼원 연출 도자기 이미지와 부착 캐릭터 / 250

5-1-12. 연출 도자기 밑굽에 부착된 캐릭터 스티커 이미지 / 251

5-1-13. 한글 릭터 부착스티커와 이름 / 252

5-1-14. 연출된 도자기와 교감하는 방법 / 254

5-1-15. 삼합 영합 삼원 외 도자기 연출법과 이해 / 257

■ 글을 마치며 / 260

■ 상담 문의 / 273

제1부

신과 사람의 대화 :
사람이 묻고 신이 대답하다

(신의 횡설수설과 사람의 주저리)

- '신과 사람의 대화' 내용은 문헌이나 고서 등 기록을 인용 또는 응용하거나 저자의 주장과 주관적 생각에 의하여 기록되었으므로 내용 중 사실적 내용과 다소 차이가 있거나 이해하기 어려운 부분도 있을 수 있다.

1-1
제 육신과 영혼은 어디서 왔나이까?

1-1-1. 신이시여, 하늘과 땅이
　　　　나누어지기 전의 공간은 얼마나 컷나이까?

사람이 신에게 질문하기를,

"신이시여, 하늘과 땅이 나누어지기 전의 공간은 얼마나 컷나이까?" 하고 물었다.

신이 이르기를,

"공허의 공간은 밝지도 않으며 어둡지도 아니하였느니 볼펜으로 찍은 점 하나보다 더 작은 점이 있었나니 그 점이 겨자 씨알만 해지고 콩알만 해지고 점점 커지더니 급기야 흑암을 이루고 그 흑암은 스스로 둘로 나누어지더니 흑암과 흑암이 충돌하여 음양이 생하고 하늘과 땅이 나뉘었느니라."

사람이 의아한 생각으로 신에게 질문하기를,

(속으로) 점? 아니 이 넓고 광활한 우주가 점 하나에서부터 시작되었다고? 뭐래? (다시 소리 내어)

"신이시여 어찌하여 신께서는 세상을 창조하실 때 끝을 만들어 놓지 않으시고 창조하셨나이까?"

신이 이르기를,

"너 사람아, 내가 세상 끝을 만들어 놓았다면 너는 그 끝대로 생이 끝나고 두 번 다시 생(生) 하지 못할 것이며 영생 또한 없을 것이다."

사람이 질문하기를,

"그러면 나의 시작은 어디이고 끝은 어디 있나이까?"

신이 이르기를,

"너의 시작은 흑암이고 너의 끝도 흑암이니 흑암으로부터 빛이 일어나니 너의 육신은 빛과 함께 생하고 너의 영은 흑암과 함께 영생하느니라."

사람이 질문하기를,

"신이시여, 아무것도 없는 흑암으로부터 빛이 일어나고 삼라만상이 생겨난 것은 믿지 못하겠으며 사후세계 또 한 존재하는지 믿지 못하겠나이다."

신이 이르기를,

"너 사람아, 의식주를 위한 온갖 생필품은 어디서 왔으며 그 원자재는 무엇이더냐?"

사람이 말하기를,
"그야 땅이나 땅에서 자라는 나무와 식물 그리고 광물과 석유 등 바다에서 원자재를 찾아 만들지요."

신이 이르기를,
"그러면 온갖 생필품을 만들 수 있는 그 땅의 원자재는 무엇이라고 생각하느냐?"

사람이 묵묵부답.
"……?"

신이 이르기를,
"네가 땅을 만든 원자재가 무엇인지 모르는 그 자체가 곧 무(無)에서 시작하여 흑암으로부터 삼라만상이 생성되었으며 사후세계가 존재한다는 증거이니라"

사람이 질문하기를,
"신이시여, 그렇다면 흑암으로부터 세상은 어떤 원리로 창조되었나이까?"

신이 이르기를,
"너 사람아, 흑암으로부터 빛이 일어나고 우주가 생성되는 무유론(無有論)의 법칙은 사람이 알아야 할 영역이 아니니라.

다만, 내가 세상을 창조할 때 쉽게 말씀으로만 창조하였다고 생각지 말라. 끝도 없는 수많은 시간 속에 고통과 시련과 좌절과 외로움과 실패를 거듭하며 수없는 시행착오속에 삼라만상이 생겨났음을 알라.

　나는 흑암 속에서 음(陰)과 양(陽)을 만들고 오행(五行)을 정립하고 흑암 속의 물의 성분으로 세상을 창조하니 물의 성분으로 구성 된 음양오행이 곧 천지창조의 원자재이니라.

　창조의 원리는 마치 전극이 다른 구름과 구름이 부딪치면서 천둥소리와 번개가 일어나고 비가 내리듯 원리가 이와 같을지니라."

사람이 신의 노고를 알고 질문하기를,

"신이시여, 그러하였나이까? 이 세상을 창조하기 위하여 얼마나 많은 노고를 하셨는지 알게 되었나이다. 그렇다면 흑암 속의 물의 성분은 어디서 왔나이까?"

신이 이르기를,

"이 세상 끝을 만들 수 없듯이 물의 성분은 점 하나로부터 시작된 끝없는 시공으로부터 왔느니라.

　물의 시작은 무(無)에서부터 시작되어 흑암으로 이루어지니 흑암은 곧 물의 모태이니라. 이와 같은 과정의 단계를 무위이화(無爲而化, 함이 없이도 이루어지는 이치)라 하느니라.

　태초에 어둠이 없고 빛만 있었다면 빛이 무슨 의미가 있겠느냐? 어둠이 있어 빛이 소중하나 어둠의 신비는 영원하며 끝과 끝을 끊임없이 만들어내지만 빛은 영원하지 못하느니라.

　너 사람아, 네 안에 어둠이 빛으로 나타날 때 어둠이 빛을 만들어

낸 줄 알라. 어리석은 자는 빛이 어둠을 이긴 줄 알지만 어둠이 없으면 빛의 존재는 의미가 없느니라.

　고로 네 영혼은 사후세계 흑암으로 돌아가 빛으로 차원을 이동하느니라. 흑암은 음(陰)이며 빛은 양(陽)이니 음양의 이치가 이러하니라."

1-1-2. 신이시여, 제 육신과 영혼은 어디서 왔나이까?

사람이 질문하기를,
"신이시여, 제 육신과 영혼은 어디서 왔나이까?"
신이 이르기를,
"크게 논하자면 함(爲)이 없이도 이루어지는 시공에서 너의 영혼은 태극에 이미 존재하였으며 육신을 이루기 위한 원소도 이미 존재하였느니라.

　그 함이 없이도 이루어지는 시공에서 시작되어 너의 육신의 모체는 지구이며 지구가 오대양 육대주로 이루어져 있듯이 네 육신 또한 오장육부로 구성되어 있느니라.

　오대양 육대주 물이 70%이고 사람의 몸도 물이 70%로 구성되어 있나니 이는 이미 알만한 사람들은 알고 있느니라.

또한 네 영혼은 그 중 영(靈)은 하늘에서 임하였고 혼(魂)은 땅에서 임하였느니 영과 혼이 하나 되어 육신에 안착하나니 비로소 완전한 생령이 되느니라.

그러므로 네 영혼은 삼라만상이 탄생하기 이전부터 존재하였나니 너는 곧 흑암으로부터 왔느니라. 그 작용의 법칙은 곧 물의 성분으로부터 시작되었느니라.

사람이 질문하기를,

"신이시여, 지구와 사람의 관계는 어떠한 관계이나이까?"

신이 이르기를,

"지구를 살아 있는 생명체로 본다면 어느 시간대인가 지구가 몸부림을 치나니 천지가 개벽하고 거의 모든 생명체를 속으로 흡수해 버리니 살아있던 육(肉)은 땅속에서 석유와 가스가 되고, 그 후로 지구에게 유익한 품종의 생명체가 탄생하니 이는 사람이며 사람은 지구에게 유익한 균과 같고 신진대사(新陳代謝)와 같으니라. 즉 지구 속에 있는 석유는 똥과 같고 가스는 방귀와 같고 땅과 광물은 피부와 같으니 똥과 방귀로 답답한 속을 사람이 끄집어내어 주고 다듬어 주니 지구와 사람은 공생 공존하느니라."

사람이 질문하기를,

"신이시여, 영혼의 에너지는 무엇이며 어디서 오나이까?"

신이 이르기를,

"영혼의 에너지는 무위이화(無爲而化)니라. 태초의 세상도 함이 없이 이루어지는 이치에 의하여 이루어졌나니 함이 없이도 이루어지는 힘이니라. 영혼은 그 에너지에 의하여 이동할 수 있는 동력이 생기니라.

　너의 영혼은 우주 멀리 네가 거하던 별에서 오나니 각자 온 별이 다르니라. 그 별의 성질에 따라서 네 지문이 정해지고 네 육신의 체질이 정해지고 네 정신세계관이 정립되느니라."

사람이 질문하기를,

"신이시여, 지구 내에 또 다른 세상을 보았다는 지구공동설을 주장하는 사람들의 말은 사실이나이까?"

신이 이르기를,

"그들이 보았다고 주장하는 세상은 영(靈)의 세상을 본 것이며 우연적 특별한 사람만이 볼 수 있으나 결국 현세처럼 지속적으로 볼 수는 없느니라. 마치 지구공동설을 주장하는 사람들의 주장처럼 그와 같이 지구 내에 영혼의 세상이 존재하느니라."

사람이 질문하기를,

"신이시여, 어찌하여 귀귀(鬼鬼)들이 육신에 기생하며 각종 병이나 전쟁 등 사고로 수명을 단축시키고 혼잡병충(混雜病蟲) 함을 그대로 두나이까?"

신이 이르기를,

"그들 즉 비물질적 실체도 내가 만든 존재들이니. 나는 그들마저도 존재가치를 부여하느니라. 나는 너희들에게 창조이래 모든 분별력과 판단력 그리고 사고력 즉, 이성까지 주었느니. 오롯이 너희들이 풀어나가야 할 부분이니라. 너의 곁에 있는 기록 중 성경에서 유일신이 사탄을 벌하는 걸 보았느냐?

가로되, 하나님이 사탄에게 묻기를 '어딜 다녀왔느냐?' 사탄이 말하기를 '여기저기 두루 다녀왔나이다.' 사탄이 말하기를 '저자는 분명히 하나님을 속이고 있으니 시험해보소서' 유일신이 말하기를 '그러하더냐? 내가 시험에 들게 해보리라' 이와 같은 기록처럼 신과 사탄의 관계는 필요악이니 내가 모든 것을 해결해 줄 거라고 생각지 말라. 다만 네 안에 나를 알면 너의 모든 것이 해결되느니라."

사람이 질문한다.

"내 안에 또 다른 나를 알게 되면 사악한 귀신을 막을 수 있나이까?"

신이 이르기를,

"그러하니라. 나와의 교감이 활발해지면, 모든 생령은 영혼의 이기(利己)로부터 생겨났나니 육신을 잃은 망자가 생령을 이기지 못하니라."

사람이 질문하기를,

"신이시여, 내 안에 또 다른 나 즉, 신은 내 몸 어디에 있나이까?"

신이 이르기를,

"내 모습은 네 안에 있으되 색은 영롱한 푸른색이며 끊임없이 움직이느니라. 그 영의 움집은 명궁(전두골, 미간)에 자리하며 그 실체는 네 마음에 있느니라."

사람이 질문한다.
"신이시여, 생령의 육신으로 영생할 수 있는 시공이 존재하는지요?"
신이 이르기를,
"태양계 내에서는 육신의 영생은 없느니라. 다만 은하계를 떠나 또 다른 우주공간에서는 육신의 삶을 영혼의 의지대로 영위하느니라. 너 사람아, 너의 가까이에 있는 기록 중 '죽어도 살겠고 살아서는 영생하리라' 하는 기록이 그 뜻을 같이하느니라."

1-1-3. 신이시여, 영혼이 태양계를 떠나 은하계를 탈출할 수 있나이까?

사람이 질문하기를,
"신이시여, 영혼이 태양계를 떠나 은하계를 탈출할 수 있나이까?"
신이 이르기를,
"네 안에 또 다른 자신만이 탈출할 수 있으며 오직 고급 영으로서 깨달음에 이른 자만이 가능하니라."

사람이 질문하기를,

"신이시여, 고급 영으로 거듭나려면 어찌해야 하나이까?"

신이 이르기를,

"사람아 네 안에 내가 있고 내 안에 네가 있으니 이는 곧 또 다른 너의 자신이니 네 안에 자신을 진실로 사랑하고 진정으로 믿음 가운데 있을 때 해탈의 경지에 도달하느니라.

이를테면 성경에서는 '아버지 안에 내가 있고 내 안에 아버지가 계시니라.'의 구절과 동학사상의 창시자 최재우 교훈가에서 '나는 도시 나를 믿지 말고 한울님만 믿었어라, 네 몸에 모셨으니 사근취원(捨近取源)하단 말인가?' 가까운 곳을 두고 먼 곳을 취하지 말며 자기 속의 대아(大我)를 말하였고,

징기즈칸은 '내 안에 나를 극복하여 징기즈칸이 되었다.'라고 하였고,

소크라테스는 '너 자신을 알라'라고 하였으며,

중국의 수도정진자는 '운명을 아는 자는 하늘을 원망치 아니하고 자신을 아는 자는 남을 원망치 아니한다'. 하였고,

불가에서는 '일체유심조(一切唯心造)라고 하였느니 자신의 내면에 있는 자신을 어떻게 지배하느냐에 따라서 고급 영으로 거듭날 수 있느니라."

사람이 질문하기를,

"신이시여, 내 안에 또 다른 내가 신의 존재라고도 하셨는데 어찌 내가 지배하며 어떤 방법으로 내 안에 나를 사랑해야 하나이

까?"

신이 이르기를,

"너 사람아, 네 안에 나는 곧 네 자신이니 네가 진실로 나의 존재를 인정한다면 그것이 곧 나를 지배함이요 그것이 곧 나를 사랑함이니 나를 극복하고 나의 힘과 능력을 너의 것으로 만들 수 있느니라.

그러나 네 안에 또 다른 너 즉, 네 안에 나를 깨닫는다는 것은 매우 어려우니라. 이 난공불락(難攻不落)을 헤쳐 나가야 비로소 네 안에 내가 보이느니라.

이 난공불락을 어떤 기록에서는 돌아가는 불 칼로 은유하였고 어떤 기록에서는 업보로 기록하였느니 너 사람아 나와의 교감을 시도하기 위한 노력이 가상하도다.

나는 곧 너이니 네 안에 보이지 않는 나를 네가 원하는 산물을 정하여 교감하는 교두보를 정하면 네 안에 나를 인정하는 데 도움이 되느니라."

사람이 질문한다.

"산물이라 하심은? 무엇을 말씀하시나이까? 혹 우상을 말씀하시나이까?"

신이 이르기를,

"산물(사물, 대상물)이라 함은 조상의 모습이나 신의 모습도 좋으려니와 자연적 현상에 의한 형체나 각종 표식, 기호, 기표 등도 좋으려니와 음양오행의 원리에 의한 산물이 더욱 좋고 산물을 정하여 나와의 교감을 활발하게 하는 것의 행위는 그 산물을 곁에 두고 항상 보거나 혹은 만질 수 있나니 나를 망각하는 일이 없을 것이며 어떤 종교나 이념에도 상반되지 아니하니라.

　이것이 나와의 약속을 위한 징표(徵表)이며 이적(異蹟 : 기이한 행적)이니라."

사람이 질문하기를,

"종교가 없는 국가나 아프리카 오지에 태어나 열악한 환경에서 평생을 살아가거나 기아와 병에 허덕이며 일평생을 살아가는 사람은 왜 그런 데서 태어나는지요?"

신이 이르기를,

"무작위의 형이상학적 자연법칙에 의한 현상이니 그들의 육신은 번성의 공식에 의하여 탄생하나 영혼이 육신에 안착하는 것은 영혼의 의지에 의한 것이고 고로 영혼의 무지에 의한 잘못 된 판단으로 그러한 장소에 태어나느니라."

사람이 질문하기를,

"……? 신이시여, 영혼의 의지와 판단에 의하여 태어난다는 이 말씀은 무슨 의미이나이까?"

신이 이르기를,

"너 사람아, 거의 모든 생령은 혹독한 자연의 법칙에 의하여 무작위로 시공을 가리지 않고 태어나는 것이며, 영혼은 그 굴레에서 벗어나지 못하고 영혼을 맡기게 되고 어떤 영혼은 좋은 곳에서 어떤 영혼은 열악한 곳에서 태어나느니라.

그러므로 열악한 환경에서 태어난 사람은 자신이 태어나고 싶지 않았는데 태어난 것이 아니라 영의 세계에서 무작위 번성 법칙에 의하거나 혹은 영혼의 판단에 의하여 때와 장소를 선택하여 태어나느니라.

한편, 자연의 무작위에 의한 번성법칙에 따르지 않고 스스로 선택하는 영혼 중 무지한 영혼은 좋지 못한 곳에서 태어나며 선택권을 부여받은 영혼은 좋은 곳을 선택하여 태어나느니라."

사람이 질문하기를,
"그럼 정녕 그들의 영혼에게 올바른 선택권을 부여할 수는 없는지요?"

신이 이르기를,
"살아생전 사후세계 안녕을 위한 깨달음이 없다면 선택권의 보장은 없느니라. 너와 연동 연계된 모든 생령들 중 그들의 고충과도 연결지어져 있나니 깨달음을 얻을 수 있는 환경에서 사는 현실을 감사하게 여겨야 하나 그들의 몫까지도 정진해야 하는 사명이 있음을 인지하여야 하느니라. 그러므로 나와의 교감을 통하여 고급 영으로 거듭나야 하느니라."

사람이 질문하기를,
"신이시여, 기록에는 유일신이 기록하기를 '내가 만들어놓은 모든 만생만물에게 절하지도 기도하지도 말라.' '해와 달과 별을 보고

도 기도하지 말라.'라고 되어 있는데 어찌 제가 산물을 정하여 믿음의 대상으로 삼겠나이까?"

신이 이르기를,

"사람아, 성경에서 기록한 것은 유일신 외에 만생만물을 마치 신처럼 믿고 숭배하지 말라고 한 것이고 내가 너에게 산물을 정하여 나의 모습을 보라고 한 것은 너와 나의 교감을 위한 매개물을 말하는 것이니 그 매개물을 신격화하는 것이 아니니 위배 되지 않느니라."

1-1-4. 신이시여,
　　　　도자기가 매개체로 적합하나이까?

사람이 질문하기를,

"신이시여, 도자기가 매개체로 적합하나이까?"

신이 이르기를,

"너 사람아, 왜 도자기를 대상물로 삼으려 하느냐?"

사람이 답하기를,

"네? 네에. 그냥 어쩌다 보니 어줍잖게 역학 공부를 좀 하였는데 그것이 한 때는 제 전공이 되었고 종이나 나무에 새기는 부적 개념보다는 현시대에 걸맞은 징표(徵標)나 이적용(異蹟用)을 찾다 보니 도자기를 선택하게 되었나이다."

신이 이르기를,

"무슨 문제가 있겠느냐?"

그중 그러하니라. 너는 흙으로 와서 먼지로 갈지니 도자기도 흙으로부터 왔으니 흙이 도공을 만나 도자기가 되고 그 도자기가 불을 만나 완전한 형체를 갖추니 도공이 도자기를 잘 만들 수도 있고 불이 잘 만들 수도 있나니 네 안에 영을 도공과 같이 불과 같이 고급 영으로 격상하는데 좋은 매개체가 될 것인데 이는, 그 어떤 산물보다도 도자기에는 오행의 원리가 내포되어 있으니 잘 만들어진 도자기를 연출하는 것은 곧 네 안에 나를 표출함이니 이치가 그러하니라. 잘 짜여진 도자기 연출은 네 육신과 같고 네 마음과 같으니라.

이는 생령이 역사를 이루어 기록 된 것이 있나니 동양학에서는 육십갑자의 아래 단위를 이루는 요소 12지지(地支) 동물이 있고 서양 성경에는 12제자와 12지파와 12그루 생명나무가 기록되었나니 도공이 도자기를 만들고 화공이 그림을 그려 넣으니 잘 만들어진 도자기는 잘 만들어진 육신과 같고 장인의 얼이 깃든 도자기는 고급 영과 같으니 예술이 무궁하고 흐르는 물과 같이 운기가 발하느니라.

이와 같은 학술과 기록에 의한 운력과 의미가 도자기에 그대로 내포되어 있느니라."

사람이 질문하기를,

"신이시여, 도자기를 대상물로 정하여 연출한 후 신과 교감을 이룬다는 자체가 아무런 효과도 없는 허무맹랑한 주장일 수 있나이까? 이것 역시 학술 운운하는 주장으로 세인들을 현혹하여 돈벌이 수단으로 삼는 방편으로 볼 수도 있나이까?"

신이 이르기를,

"육신을 지닌 너 사람아 인공위성이나 기지국 없이 먼 거리에서 정보 공유나 소통이 가능하겠느냐? 도자기 연출은 너와 나와의 교감을 위하여 안테나 역할을 하느니라.

효과나 결과가 없는 공식은 존재하지 않으니 네 눈으로 볼 수 있는 그 위에는 보이지 않는 공식이 존재하나니 그 가운데 도자기는 매개체 역할을 하니라.

기록에 의하듯 '우리는 진흙이요 주는 토기장이시니 우리는 다 주의 손으로 지으신 것이라' 이렇듯 신이 사람을 지음을 도자기로 은유하였으니 도자기는 나와의 교감을 이루는 데 손색이 없느니라."

사람이 질문하기를,

"인공위성이나 기지국 등은 과학이 만들어 낸 기기들이고 도자기 연출로 인한 신과의 연결성은 과학으로 입증할 수 없는 주관적 개념이지 아니하나이까?"

신이 이르기를,

"그놈 참 말 많네! 겪어보지 않고 어찌 부정적으로만 예단하느냐?"

우주 만물의 태동을 과학으로 완벽하게 입증할 수 있겠느냐?

눈에 보이지 않는 차원의 세상을 과학으로 밝히겠느냐?

제삼 말하지만 네가 의식하지 않아도 심장은 알아서 박동하고 너를 구성하고 있는 모든 세포는 각자 알아서 할 일을 하느니라.

이러한 무의식적 자가활동에 대하여 태초에 어떻게 이루어졌는지 과학으로 밝힐 수 있겠느냐?

무엇이든 보이는 것보다 보이지 않는 미시세계가 더 크고 광활하니 의식하는 마음보다 네 안의 존재가 하는 일이 더 많으니라.

그 보이지 않는 곳으로부터 네가 생겼으며 너의 존재가치가 부여되느니라.

도자기에는 옛 선조들의 원과 한이 서려 있고 삶의 지혜와 얼이 있나니 이를 도상학이라 정리하고 그 도상학에 오행학을 더하여 현실에 부합되는 새로운 환경을 조성하여 나와의 교두보로 삼을지니라.

그러므로 사람의 생각과 상상력이 현 과학을 이루었듯이 도상학에 의한 오행학의 겸비는 미적분의 운력이 발휘됨으로 이는 곧 과학이니라."

사람이 찔끔하며 질문하기를,

"신이시여, 만약에 함부로 대상물을 정하거나 타인이 이 책에 기록된 외에 흉내 내어 도자기 연출을 잘못할 경우 어떤 현상이 일어나는지요?"

신이 이르기를,

"나와의 소통을 실현하기 위하여 매개물을 준비하는 행위는 종교와는 무관하나 이미 종교에 귀의하여 신앙생활을 하는 자는 이 책의 내용에 대하여 반감을 일으키거나 관심을 가지지 않을 수도 있느니라.

그러나 신앙생활을 하는 가운데 의구심과 갈등에 직면해 있는 사람이 많을 터, 신에게 다가갈 수 있는 새로운 뭔가가 있다면 그들은 관심을 가질 것이며 만약 흉내 내어 잘 못 연출하더라도 크게 무슨 문제가 있겠느냐?

다만 용두사미(龍頭蛇尾) 격의 현상은 일어날 수 있겠으며 자신의 내면과 교감을 이루는 데 실패하게 되리라."

사람이 질문하기를,

"신이시여, 이미 신앙생활을 하고 있는 사람들 중 많은 이들이 신앙생활 중에 의구심과 갈등을 겪는 것은 굳건한 믿음을 향한 과정으로서 그들이 믿고 있는 신과 대상물(매개체)이 있는데 굳이 또 다른 새로운 대상물이 필요하나이까?"

신이 이르기를,

"무릇 신앙생활이라고 함은 개인의 개인을 위한 오롯이 개인의 대상물은 오직 자신만의 교감을 위한 것이니 그 의미가 다르니라. 포괄적(어떤 신이나 성인 등의 존재를 수많은 사람이 무리지어 믿음) 믿음에서 자신만의 교감을 구사하는 것이니 각자 신앙생활과 무관하니라.

자신 스스로가 자신의 내면과 교감할 수 있는 방편을 모르므로 목회자나 선지자 등을 통하여 교감을 이루고자 하는 격이니 이를 혼동하지 말지니라."

사람이 질문하기를,

"오행사상의 표시에 의하여 도자기를 연출하면 소원 등이 이루어지나이까? 신앙생활을 하거나 샤머니즘에서 부적이나 굿, 살풀이 등을 하였는데도 전혀 효과가 없는 경우가 있는 것 처럼 경제적 손실과 허망함을 경험하지는 않는지요?"

신이 이르기를,

"부작용 없는 약이 없고 고장 없는 기계가 없으나 나를 향한 산물의 표시는 각자 개인에 따라 그 효과는 다를 수 있겠으나 부작용은 없느니라.

개인의 차라고 하는 것은 마음으로 의구심이나 갈등 없이 받아들이는 정도를 말함이니라. 효과가 없다고 하더라도 연출 된 도자기는 골동품 개념이나 예술품으로 즐길 수도 있거니와 사고팔고 해도 되느니 무엇이 문제겠느냐?

그러므로 부적이나 굿 등으로 효과가 없을 때처럼 허망하게 돈을 지출하게 되는 일은 없느니라.

그러나 이 세상에 존재하는 거의 모든 학문과 학술에 의한 공식은 어떤 목적을 이루기 위한 과정이며 절대적 우위에 있나니 효과가 없을 수는 없느니라."

1-1-5. 신이시여, 불교에서 부처를 모셔놓고 절하며 기도하는 것은 우상이나이까?

사람이 질문하기를,

"신이시여, 불교에서 부처를 모셔놓고 절하며 기도하는 것은 우상이나이까?"

신이 이르기를,

"사람아, 성경에서는 조상을 섬기라고 하였다. 부처는 석가모니의 살아생전 모습을 모셔 놓은 것이니 이는 우상이 아니라 초상이니 무엇이 문제겠느냐?

천주교 성모마리아도 예수의 어머니상이니 우상이 아니라 초상이니라.

이런 이치로 예수가 십자가에 달린 모습이면 초상이요 단순히 십자가만을 보고 기도한다면 그것은 우상이 되니라."

사람이 질문하기를,

"신이시여, 예수를 말씀하심은 지금 저하고 대화하는 신은 기록에 의한 유일신이신가요?"

신이 이르기를,

"너 사람아, 위 예수를 언급한 것은 기록에 의한 기록을 예를 든 것이며

지금 너와 대화하는 나는 그 기록에 등장하는 신이 아니니라."

사람이 질문하기를,

"신이시여, 기록에 의하면 부자는 천국을 향하기가 매우 어렵다는데 깨달음을 얻지 못하나이까?"

신이 이르기를,

"사람아 태초에 흑암으로부터 천지가 창조되었을 때 나는 나의 모든 것을 희생하여 빛을 이루었느니라.

너희 중 호의호식하면서 부자로 사는 자도 깨달음의 경지에 오르는데 아무런 문제가 없느니라.

그러나 부자가, 권력자가 내면의 무서움을 모르고 오만방자함이 죽음에 이르기까지 알지 못한다면 반드시 끝없는 무저갱(구천)에 그 영혼은 갇히리라.

다만, 육신은 부자이나 교만하지 아니하고 그 영혼이 속히 나를 알고 지행한다면 부자도 깨달음의 경지에 이르는 데 문제가 없느니라.

고로 가난하면서 어리석은 자보다 부자이면서 어리석은 자가 더 나으니라."

사람이 질문하기를,

"신이시여, 육신과 마음의 고통이 심하면 자살을 해도 되는지요?"

신이 이르기를,

"너 사람아, 너를 구성하고 있는 세포는 저 하늘에 반짝이는 별들의 수만큼이나 많다. 그 수많은 세포들은 오직 너만을 위하여 피고 지고 하느니라."

 네가 너를 스스로 포기하는 것은 너에게 주어진 사명과 소임과 너를 구성하고 있는 세포들을 사(死)하는 것이니 그 행위가 죄 없다 하지 않으리니 사후세계 그 영혼은 핍박받으리라.

 그러나 피치 못할 사정으로 너를 스스로 죽일 수도 있거니와 예외적 관망이 범우주적 관용의 법칙으로 이어져 영혼의 핍박을 면할 수도 있으려니와 대신 너와 연결지어진 가족과 사해동포가 그 고통을 나누어 수반하여 희석하느니라.

 자살이라 함은 목적지를 향하여 가다 중도 하차하는 격이니 육신의 자연사를 시간으로 계산하여 영혼이라도 그 목적지를 가야 하느니라. 모든 사망의 원인이 자연사가 아닐 경우, 우주 만물의 법도와 법칙은 엄중하나니 이를 간과하지 말지니라.

 깨달음을 발로할 수 있는 기회를 잡는자는 윤회의 사슬에서 벗어날지니, 육신의 최고는 건강이요 마음의 최고는 사랑이며 영혼의 최고는 고급 영이니라."

사람이 질문하기를,

 "신이시여, 생령이 윤회를 해야 하는 진정한 목적이 무엇이나이까?"

신이 이르기를,

 "우주가 생성되기 전 영혼이 존재하였나니 광활하고 무한한 우주공간에는 영은 있으되 혼은 없고 혼은 있으되 영이 없는 무질서하고 박약한 생명체가 수없이 많은지라 그들을 위하여 육신을 거친 고급 영혼이 필요하나니 윤회의 굴레에서 일반 영이 고급 영으로 거듭날 때까지 윤회는 거듭되어야 하나니라.

각 개인마다 고급 영으로 거듭날 수 있을 때까지 그 윤회는 멈추지 않을 것이니라."

사람이 질문하기를,

"신이시여, 그렇다면 스스로 깨달음에 의하여 고급 영으로 거듭날 때까지 생로병사의 삶은 막을 수 없나이까? 그냥 일반 영으로 막(그물망, 사탄)을 뚫고 자유로울 수는 없나이까?"

신이 이르기를,

"어려우니라. 막을 뚫고 나가도 고급 영이 되지 못하면 결코 그 영혼은 새로운 우주공간에서 적응하지 못하고 사멸되느니라."

사람이 이르기를,

"사멸된다고 함은 육신도 영혼도 두 번 다시 빛을 보지 못하나이까?"

신이 이르기를,

"그러하니라. 그 영혼은 사멸되고 새로운 영혼이 자신이 되어 처음부터 다시 시작해야 하나니라. 그 고통은 가중되느니라."

너 사람아, 이 태양계는 육신에 안착된 영혼이 고급 영으로 거듭나게 하기 위하여 프로그램화된, 설계된 거대한 기계와도 같으니라.

사람이 질문하기를,

"신이시여, 세상 모든 사람들의 영혼이 사후세계에서 다음 차원을 이동할 수 있는지요?"

신이 이르기를,

"모든 사람의 영혼이 차원을 넘지는 못하나라. 많은 영혼이 소멸되고 마느니라. 자칫 자신이 소모품이 될 것을 염려할지니, 여기서 소멸된다 함은 자유로운 영혼으로 거듭나지 못하고 큰 영혼덩어리에 흡수되어 갇혀버린다는 뜻이니 혼동하지 말지니라."

1-1-6. 신이시여,
사람이 살아가면서 죄를 많이 지으면 사람 외 다른 동물이나 생명체로 태어난다는데 그러하나이까?

사람이 질문하기를,

"신이시여, 사람이 살아가면서 죄를 많이 지으면 사람 외 다른 동물이나 생명체로 태어난다는데 그러하나이까?"

신이 이르기를,

"너 사람아, 누구든지 각자 태어나서 할 일이 분담되어 있나니 행동반경에 의한 천태만상을 두고 어찌 업보라고 하겠으며 전생의 과보라고 하겠으며 부정이라고 하겠느냐?

무릇 사람으로 태어나기 위하여 태초에 세상이 창조되면서부터 그 여정은 시작되었고 현실에 네가 있느니라.

누군가는 죄를 짓고 누군가는 죄를 물으니 육신의 행동반경에 대한 잘못은 인법(人法)에서 다스리나니 그것으로 족할 것이니라.

그러므로 사람 외 생명체들은 사람으로 태어날 수 있으나 한 번 사람으로 태어난 영혼은 다시 사람으로 태어나거나 사람보다 우월한 고등동물로 발돋움하느니라. 다만 모든 사람의 의식은 죽음에 이르렀을 때 자신의 과오를 참회하나니 우주만물의 법도와 법칙에 의하여 관용을 베풀지만 고급 영으로 거듭나지 못하나니 그 세월의 윤회가 가중되느니라.

그러므로 사람이 어릴 때부터 공부를 하는 것은 삶의 질을 높이기 위함이고 천지창조의 원리를 알고 자신이 나아갈 바를 알고 하루 중 단 5분 만이라도 일상생활의 반경에서 벗어나 다음 차원을 생각하는 시간을 가지며 겸손을 겸비하고 영적인 대화로 사후세계를 공부하는 것은 영혼의 질을 높이기 위함이니라."

사람이 질문하기를,
"종교를 잘못 선택하면 어떤 결과가 오나이까?"
신이 이르기를,
"모든 생령은 가난한 자나 부자나 못난 자나 잘난 자나 내면에 영롱한 에너지인 영혼이 있나니 종교라는 개념을 잘못 이해하고 귀의하면 네 안에 기영(氣靈)이 마치 조개 속의 진주를 캐내듯 빠져나가느니라.

가축은 사람을 위해 죽고 사람은 신을 위해 죽나니 그 영혼이 온전하지 못하니라. 그러므로 생로병사의 과정은 곧 신을 위하여 프로그램화된 여정이니라."

인간 수명 100세를 기준하여 병든 날과 잠든 날과 힘들고 괴로운 날과 무료한 날을 다 제하고 나면 아름다움도 기쁨도 즐거움도 보람도 행복도 사랑도 단 10년을 못 사느니라.

그러므로 오직 너만을 위하여 존재하는 네 안에 또 다른 너를 알고 그 힘과 능력을 믿을지니라. 네 안에 또 다른 너는 곧 나이니라.
너의 영혼을 지켜줄 신은 오직 네 안에 또 다른 너이니라."

사람이 질문하기를,
"신이시여, 미력하고 미련한 영혼을 구원할 수는 없는지요?"
신이 이르기를,
"수많은 영혼이 큰 영혼 덩어리에 귀속되는 것을 소멸이라 말함이라. 자유로운 영혼이라 함은 태양계를 벗어나서 은하계를 벗어나서 광활한 우주공간 어디에선가 새로운 세상을 열고 군림하고 영생함을 일컫느니라.

'태초에 감추어진 비밀이 드러나리라' 하는 기록처럼 나로 말미암아 깨달음으로 인한 고급 영으로 거듭나기 전에는 어려우며 그 과정을 위하여 끊임없이 주어진 업보에 의한 생로병사의 윤회는 멈추지 않으리라"

사람이 질문하기를,

"신이시여, 오행의 깨달음은 무엇이나이까?"

신이 이르기를,

"[水, 火, 金, 土, 木]은 창조와 영생의 원리이며,

[木, 火, 土, 金, 水] 창조된 삼라만상을 유지관리하는 원소의 나열이니라.

즉, 흑암으로부터 불이 일어나고 광물이 생겨나고 흙이 만들어지고 식물이 생하고 물로부터 동하는 생명체가 탄생하니 이는 곧 천지창조의 원소이며 삼라만상을 유지관리하는 원소가 정립되어 표시하느니라.

천지창조의 원리는 이미 생겨난 세상을 정화(재창조)하는 원리로도 작용하느니라.

기록을 [水, 火, 金, 土, 木]의 원소 나열로 풀이하면 다음과 같으니라.

[水]는 하늘의 창문이 열리고 물이 40일간 내리더니 세상이 물에 잠긴지라 타락한 생명체가 종말을 당하는 것이고,

[火]는 빛이 일어나고 바람이 일어나니 물은 점점 줄어들더니,

[金]은 백오십일 이후에 줄어들고 산봉우리가 보이는지라.

[土]는 그 후 땅이 말라 세상이 정화되니,

[木]은 나무와 풀이 자라는 즈음 구원받은 생명체가 땅에 발을 내디디니 새로운 세상이 열리며 모든 생명체가 번성하였다.

지금 내가 기록하는 내용들은 너 외 모든 사람들이 이미 무언무문(無言無文)으로 알고 있나니 다만, 네가 주장하려고 하는 내용은 나

와의 대화를 교묘하게 하려 함이니 그 노력이 가상하니라.

　깨달음의 근본은 겸손과 미덕이니 그러므로 너 사람아 너 외에 모든 생령이 너보다 못한 생령이 없다고 생각하면 덕과 겸손이 절로 생하게 되느니라."

사람이 질문하기를,
"신이시여, 성경에도 오행의 원리가 있나이까?"
신이 이르기를,
"그러하니라. 기록에 의하듯 골고다에서 가운데 예수가 달리고 좌우로 두 죄수가 달리니 좌우 두 죄수는 음과 양을 나타내고 가운데 예수는 오행을 나타내느니라. 즉 천지창조의 5원소 음양오행을 나타내는 장면이니라."

사람이 질문하기를,

"신이시여, 예수는 오행의 원리를 어떤 과정으로 나타내었나이까?"

신이 이르기를,

"이 책을 정독하면 알 수 있느니라."

사람이 질문한다.

"신이시여, 어찌 성경 기록을 철학이나 학술로 풀이하나이까?"

신이 이르기를,

"기록은 깨달음과 응용에 의한 과학을 이루라고 있는 것이지 기록으로만 보라고 있는 것이 아니니라.

어리석은 자는 일 획 일 점도 버릴 게 없다고 말하고 현명한 자는 버릴 것과 취할 것을 스스로 깨닫느니라."

사람이 질문하기를,

"신이시여, 항간에는 태양계를 탈출하신 성인분들이 계신다고 하는데 그분들께서 윤회의 사슬에 묶여 있는 인류를 구원하러 오시나이까?"

신이 이르기를,

"우주의 1년은 129,600년이고 중생구제를 위한 미륵의 출현은 부처가 입멸한 후 56억 7천만 년 후에 나타난다 하였으니 인류에게는 영원에 가까운 시간대이니 가능하겠느냐?

미륵의 출현 시기는 태양이 그 역할을 다하고 사멸되니 태양계의 종말을 의미하는 시간대이니라.

'도둑같이 임하리니'의 기록과 같이 기한을 정하지 아니하였으니 출현이 막막하기만 하니라.

그러나 네 안에 내가 존재하나니 내가 너를 위하여 준비한 세상이 있나니 너는 그 세상에 임하여 속한 모든 만생만물을 다스리거라.

나는 이미 너에게 임하여 있느니라.

이 메시지는 모든 각 개인에게 전하는 메시지이기도 하느니라.

끝없이 광활한 우주공간, 그 공간에 수없이 많은 생명체가 메시아가 오기를 기다리니 너희 세상 인구 75억 명이 모두 고급 영이 되어도 그 미개한 생명체들을 영도할 숫자가 부족하니라.

육신에 안착한 영혼만이 고급 영으로 거듭날 수 있는 시험을 통하여 선택권을 부여받느니 너는 힘든 삶의 여정을 감내해야 하느니라.

네가 이 세상에 임한 이유를 이제 알겠느냐? 속히 깨달음을 얻어서 네가 나아갈 곳을 가야 하느니라."

1-1-7. 신이시여, 앞으로 인류의 영혼은 무사하나이까?

사람이 질문하기를,

"신이시여, 앞으로 인류의 영혼은 무사하나이까?"

신이 이르기를,

"현재는 인류의 내면에 선과 악이 서로 대칭 관계에 있으나 악이 강해지고 선이 약해지는 날 너희는 희망을 잃게 되느니라.

각자 사람이 온 별의 고향에서 너를 위하여 지원의 힘이 항상 오리니 그 힘을 네가 알지 못 할 때 개인의 종말이 오느니라.

  현존하는 모든 사람이 탈출하려면 막을 제거해야 하나니 이는 갑작스럽게 이루어지는 것도 아니요 과학으로도 제거하지 못하나니 오직 각 개인마다 자신의 내부에 있는 나를 알고 강력한 영적인 교감이 이루어져야 하느니라.

  개인의 종말은 언제나 있었으며 지금도 진행형이니라.

  그러나 이 세상 모든 사람이 종극에는 고급영이 되어 윤회의 굴레에서 탈출하는 것이 네 안에 또 다른 너의 존재 곧 나의 목표이니라."

사람이 질문하기를,

"신이시여, 죽었다가 살아난(?) 사람들의 말을 들어보면 조상이나 형언할 수 없는 현상이나 빛이 있는 곳으로 향하였다는데 이는 죽음 후 그 영혼을 누군가가 인도하는 것이 아니시온지요?"

신이 이르기를,

"너 사람아, 그 영은 보통 영으로 인도받을 수 있으나 결코 고급영으로 거듭나기 위하여 인도되는 것은 아니니라.

  인도 받는다 함은 고급 영이 되지 못한 과정의 차원으로 이동됨을 말하느니라. 그 차원은 삼도천(三途川)을 건너 다음 생을 준비하느니라.

  고급 영은 인도받는 것이 아니라 생사의 통로를 거친 후 스스로 선택권을 가지고 갈 길을 택하여 가느니라."

사람이 질문하기를,
"신이시여, 고급 영과 일반 영의 개념은 무엇이나이까?"

신이 이르기를,
"고급 영은 어미새가 새끼를 위하여 날개로 비를 막아주는 것과 같이 일반 영을 보호하는 성체(거룩하고 신성한)가 되느니라.

고급 영으로 거듭나면 일반 영을 이끌고 보호할 수 있는 능력이 생기나니 이치가 이와 같으니라."

사람이 질문하기를,
"신이시여, 번성은 의무인가요? 만약에 이런저런 이유로 자식 생산을 하지 않을 경우 생령의 삶에 위배적인 요소가 되는지요?"

신이 이르기를,
"네 안에 나는 각 인간사에 가시적으로 관여하지 않느니라.

그러므로 개인마다 나는 존재하고 그 개인의 의지와 생각대로 나의 능력은 발휘되며 긍정과 부정적 요소를 분별하지 않고 그 결과를 만들어 주느니라.

너희 인간사에 전쟁, 기아, 가난, 질병, 사고, 범죄 등도 나는 각 개인의 행동반경대로 만들어 주느니라.

너 사람아, 신은 언제나 선하지 아니하며 언제나 악하지 아니하나니 네가 어떤 마음가짐으로 사느냐에 따라서 나는 악하기도 하고 선하기도 하나니라.

나는 음양의 양면성을 지닌 신으로서 네 안에 존재하느니라.

나와의 긍정적이고 건설적인 교감을 깨닫지 못한 자는 죽기 전에 반드시 후회하느니라.

생산을 거부하면 번성의 법칙에 위배되고 이는 우주가 팽창을 멈춘 후 축소되어 흑암으로 되돌아가는 형국이니 사람의 수가 늘어나는 만큼 다른 생명체가 멸종하거나 줄어들게 되며 사람의 수가 줄어드는 만큼 다른 생명체가 늘어나게 되니 사람의 수는 90억 명이 그 정점이니라.

자식은 이 세상에서 가장 소중하고 귀한 손님이니, 신체적 결함 외 다른 이유로 생산을 거부하게 되면 귀한 손님을 내치는 격이니 육신이 죽기 전에 반드시 후회하게 되느니라.

부모에게 자식이란 우주에서 온 귀한 손님으로 맞이해준 은혜로운 분이시라 이를 망각하면 죽을 때 반드시 후회하느니라."

1-1-8. 신이시여, 낙태는 살인인가요?

사람이 질문하기를,
"신이시여, 낙태는 살인인가요?"
신이 이르기를,
"너 사람아, 너는 탯줄을 끊은 자국이 있나니 그 자국은 배꼽이라. 탯줄이 모체와 연결되어 있는 상태에서는 완전한 인격체로, 독립된 생명체로 볼 수 없나니 이는 영혼 중 혼은 잉태되면서부터 그 여정을 같이하고 영은 탯줄이 분리되면서부터 육신에 안착하나니 영과, 혼, 육신이 삼위일체가 이루어지지 않은 생명체는 온전한 생명체로 볼 수 없느니라.

인간 세상에서는 국가마다 민족마다 인법이 존재하나니, 번성의 법칙대로라면 낙태는 금하느니라.

부득이한 경우 낙태했을 때 어찌 죄라고 하겠느냐?

낙태한 자는 평생을 의식적 무의식적 죄책감에 시달릴 수 있으되 그러나 내 말을 이해하려고 하지 말지니라. 즉, 이미 낙태를 한 후에는 후회도 죄책감도 느끼지 않아도 됨을 말하느니라.

낙태나 산아 제한의 시점은 인간 수 90억 명의 수를 넘기려고 할 때 지구상에 모든 생명체들의 개체수의 조화와 질서를 위하여 실행하느니라."

사람이 질문하기를,

(그런가?) "신이시여, 꼭 약물 등을 복용하거나 섭취하여야만 병이 낫나이까?"

신이 이르기를,

"육신의 구조는 병이 있을 경우 무언가를 섭취하여야만 치병이 일어나게 되어 있나니 그러나 간절한 마음으로 병이 낫기를 원한다면 기도나 주문으로 치유되는 예도 있나니 이는 앞으로 육신의 병마는 어떤 사물이나 대상물을 눈으로 보고 만지기만 하여도 치유가 되는 시대가 도래함을 의미하느니라."

사람이 질문하기를,

"신이시여, 육신을 지닌 사람이 병이 나면 약물이나 수술을 하지 않고 치병이 일어나기는 쉽지 않을 것인데 정녕 평범한 세인들에게 좋은 약은 없나이까?"

신이 이르기를,

"너 사람아, 대상물 앞에 생수 한 잔 놓고 하루가 지나면 그 생수를 매일 마시면 좋으니라."

사람이 구시렁거린다.

(속으로) "아니 생수로 에너지가 되고 몸을 정화시킨다는 게 말이 돼?"

신이 말한다.

"아니면 말지. 뭘 그렇게 구시렁거리느냐?

너 사람아, 생수 한 잔도 어떤 마음가짐으로 음용하냐에 따라서 네 몸에 변화가 일어나느니라. 그 마음가짐의 생수가 쌓이고 쌓이면 자연치유력이 배가 되니 이는 곧 심수(心水)이니라."

사람이 질문하기를,

(속으로) '아니면 말지? 크크크.'

(다시 겉으로) 신이시여, 지금 하신 말씀은 신과 교감을 원활하게 하는 매개물에서 약효가 발휘된다는 것이나이까?"

신이 이르기를,

"이런 미련한 놈! 매개물에서 어떻게 약효가 발휘되느냐? 나와의 교감을 위하여 매개물을 표징으로 삼으면 교감이 활발해지면서 효과를 볼 수 있다고 하지 않았느냐?

　무릇 약이란 사람이 인위적으로 만든 약이 있고 자연 그대로의 약이 있으며 네 안에 자연치유력이라는 약이 있느니라.

　인위적으로 만든 약은 습관성 약물중독에 빠질 수도 있겠으나. 나와의 교감을 활발하게 하여 자연치유력이 높아지면 가장 좋은 약이 되느니라."

사람이 중얼거린다.
"매개물을 정하여 교감을 이루면 만병통치처럼 말씀하시네? 마치 사이비 종교처럼……쩝."

신이 눈치를 주며 이르기를,
"네가 이놈아! 그렇게 유도하고 있지 않느냐? 육체적 병마는 약물치료가 필요하니 나와의 교감을 병행하면 약물효과가 배가되고 자연치유력이 높아 질 수 있다는 말이니 만병통치처럼 말하지는 않았느니라.

　물론 사람에 따라 치병의 격차가 심할 수 있느니라.

　그러므로 마음으로 시작된 병은 마음으로 치료가 가능하느니라."

사람이 속으로 중얼거린다.
'내가 하고 싶은 말을 유도했다고 하시네? 어떻게 아셨지? 크크크.'

1-1-9. 신이시여, 어찌하여 사람과 생명체는 온갖 질병이나 먹잇감으로 고통받으면서 살도록 만드셨나이까?

사람이 질문한다.

"신이시여, 어찌하여 사람과 생명체는 온갖 질병이나 먹잇감으로 고통받으면서 살도록 만드셨나이까?"

신이 이르기를,

"내가 말하지 아니하였더냐? 너는, 모든 생령은 이 세상 모든 만생 만물(선과 악)과 연결지어져 있나니 그 과정에서 생기는 부작용이 곧 질병이거나 천재지변에 의한 재앙이니라.

반면 그 부작용을 치료할 수 있도록 연결지어진 모든 곳에 치료제도 만들어 놓았느니라.

한편 가축 등 약육강식에 의한 먹이사슬에 놓인 생명체가 천적에 의하여 죽임을 당할 때 그 고통은 말할 수 없으려니와 그러나 숨이 멎은 후 황홀경에 빠지며 고통의 보상이 오느니라.

약육강식, 적자생존, 우승열패를 만들어 놓은 나를 책망 말지니라. 이 지구는 생명체의 박물관으로서 모든 생명체는 지구와 더불어 살아야 하는 운명공동체이고 개체수 균형을 위하여 그 행태를 벗어나지 못하느니라."

사람이 질문한다.

"아니, 그딴 하나 마나 한 말씀 마시고 그냥 부작용 없는 육신의 완전체를 왜 못 만드셨냐고요? 전지전능하시다면서요?"

신이 이르기를,

"따지냐? 질병도 사탄도 내가 만든 비물체적 물체적 피조물이니라 음이 있으면 양이 있고 양이 있으면 음이 있나니 서로 대립하는 듯 하나이니 질병도 어쩔 수 없는 생령의 필요악이니라.

(사람이 신의 말씀에 이해를 못 하면서 구시렁구시렁하다)

그럼, 신도 병들기도 하고 죽겠네요?"

신이 이르기를,

"신도 죽느니라. 네가 죽으면 네 안에 나도 죽어 다만 거듭날 뿐이니라."

사람이 구시렁거린다.

"뭐래? 보이지도 않고 형상도 없다면서 비물체가 어떻게 죽어? 어이가 없네?"

신이 이르기를,

"너 사람아, 내가 죽는다는 의미는 너의 생각과 믿음이 멈춘다는 뜻이니라.

비물체란 사람의 육안으로 볼 수 없는 물체를 말하는 것이지 형체는 갖추느니라. 우주의 끝을 만들어 놓지 않았듯이 흑암 속에서 거듭남은 신(神)도 소순대순(小巡大巡) 하느니라."

사람이 구시렁거리며 질문한다.

"뭐래? 그럼 뭐, 내 생각이 멈춘다는 것은 치매도 해당되겠네요? 정신이 왔다 갔다 기억도 왔다 갔다 뭐……그럼, 그 순간은 신도 죽었겠네요?"

신이 이르기를,

"옳거니, 치매도 기억과 생각이 멈추는 현상의 한 부분이니 이는 뇌와 중추신경과 태양신경총의 조화가 무너지면서 일어나는 현상이니 이를 주관적으로 논하면 영이 육신에서 들어왔다 나갔다 하는 현상이니 나와의 교감이 활발하면 고독사도 치매도 면할 수 있느니라. 헐헐헐."

사람이 구시렁거린다.

"아고, 머리야! 시대가 어떤 시대인데 이해 못 할 말씀만 늘어놓으시니 질문을 계속해야 하나 말아야 하나, 어쩐다지?"

신이 이르기를,

"나는 양면성을 가진 음양오행이라 네가 뿌린 대로 되리라. 늙어 죽을 날만 기다리며 하릴없이 이날 저날 헛보내며 혹은 유신론자니까 '죽으면 좋은 데 가겠지' 하고 막연한 기대감으로 살지 말지니, 종교적 신앙을 불문하고 고급 영이 되지 않고는 결코 좋은 저승은 없느니라.

이 세상 많은 사람들이 자신 안에 악이 되어 있는 또 다른 자신을 새로운 육신 새로운 모습으로 재창조해야 하느니라.

그 교감의 방법은 이 책에 있느니라. 스스로 찾아라. 못 찾아도,

못 믿어도 더 이상 알려주지 않을 것이니라. 이 세상에 깨달음을 득하고 고급 영으로 거듭날 수 있는 사람이 몇이더냐? 거의 대부분의 생령들은 그 굴레를 벗어나지 못할지니 나와 대화하는 너는 복이 있느니라."

사람이 질문하기를,

"신이시여, 많은 사람들이 두통과 불면증에 시달리고 있는데 근본적으로 약물 없이 치료 방법이 있는지요?"

신이 이르기를,

(신이 짜증을 내며) "약 먹으면 되지 뭘 어쩌라고? 내가 무슨 의사냐? 그놈 참!"

사람이 투덜거린다.

"아니, 뭐 물어보지도 못하나이까? 전지전능하시다면서요?"

신이 이르기를,

"너 사람아, 두통과 불면증은 가족력이나 각종 생활반경에서 오는 술이나 음식물 섭취 약물 오남용 등 감정 이상에서 오는 현상인데 인구의 약 70%가 두통이나 불면증, 어지럼증 등에 시달리느니라. 앞서 말하지 않았느냐? 나와의 교감에서 무위이화(無爲而化) 즉, 함이 없이도 되는 이치에서 기본적인 교감이 이상을 일으킬 때 오는 증세이니라.

생수 한 잔 들이켜고 나와 교감을 원활하게 하면 도움이 되느니라. 이를 다른 말로 풀이하면 사람을 싫어하는 암왕이 사람에게 고통의 프로그램을 깔아 놓았는데 나는 그들마저도 나의 피조물이니 내가 관여하지 않느니라."

사람이 속으로 빈정거린다.
"생수 한 잔? 관여를 안 해? 그리고 교감, 교감, 하시는데 학교 교감선생님은 교감 잘하시겠네? 크크크."

신이 째려본다.
"찌릿~찌릿~ 이 교감(交感)하고 그 교감(校監)하고 같냐? 무식한 놈!"

사람이 투덜거린다.
"아니, 웃자고 한 말을 정색으로 받아들이시네? 참 나, 나 참!"

신이 이르기를,
"너 사람아, 네가 이성을 알기 전의 사람으로 돌아가겠느냐? 그러면 내가 모든 것에 대하여 관여하고 너를 건강하고 아름답고 완벽하게 보호하리니. 그러나 너는 이성을 알지 못하기 때문에 삶의 의미도 모르고 부끄러움도 모르고 살아야 하느니 그리하겠느냐?"

사람이 말하기를,
"아뇨. 바보나 백치미가 되어 영생하는 것 보다 비록 생로병사가 기다리고 있지만 지금의 제 삶이 좋나이다."

신이 이르기를,
"그럼 깊이 따지지 말고 내 말을 믿을지니라. 네가 이성을 안 순간부터 악의 존재도 함께하나니 이것이 삼라만상을 탄생시킨 음양 오행에 의한 상생상극의 공식이니라."

사람이 다시 정색하며 정중하게 질문한다.
"신이시여, 기록에 의하면 '교회는 헌금을 받아서 분깃(유산)을 물려받지 못한 자들에게 나누어 주고 나머지는 교회 운영금으로 쓰라'라고 되어 있나이다. 저는 분깃을 받지 못하였나이다."

신이 이르기를,
"그러나 현실적으로 어려운 기록이나니. 대신 교회에서는 어려운 자들을 위하여 봉사와 나눔을 하지 않더냐? 그러니 부모에게 분깃을 받지 못하였다고 원망도 말고 스스로 실망하거나 노여워하지도 말지니라.

네 안에 내가 너에게 분깃을 주리니 나와 교감을 활발하게 하거라. 그리하면 네 마음과 현실이 풍요로울 것이니라."

사람이 질문하기를,
"신이시여, 기록에 의하면 '지어내는 자와 거짓말 하는 자와 개와 점술가는 성밖에 머물리라'라고 되어 있는데 이는 곧 천국으로 들어가지 못한다는 말인데 무속인(퇴마사, 영매, 음양사, 지관) 등을 가까이 해도 되나이까?"

신이 이르기를,
"너 사람아, 무슨 질문이 이어지지 못하고 두서없이 이랬다저랬다 하느냐? 사람이 기승전결이 반듯해야 모든 일이 순조로우니라."

사람이 머리를 조아리며 하는 말이,

"신이시여, 매일이 의식주에 시달리고, 허튼소리 우스개로 이날 저날 헛되이 보내고 생각나면 님과 영적인 대화를 하며 기록을 하고 있는데 그게 제 생각대로 이어지지 아니하나이다."

신이 이해하고 이르기를,

"딴은 그렇기도 하겠구나. 껄껄껄……. 성안에 굳이 들어가야 하느냐? 성밖에 머물면서 둥지를 틀어도 가히 나쁘지 않을 터. 어쩌면 그들의 조직에 귀속되지 않고 자유로운 영혼이 오히려 좋지 않겠느냐? 헐헐헐."

사람이 질문하기를,

(속으로) '뭐래?'

(다시 소리 내어) "그러하나이까?"

1-2
신이시여, 신병은 왜 발병하나이까?

1-2-1. 신이시여 신병이라고 하여
내림굿을 받고 무속인이 되는 사람들이 있는데
이는 왜 그러하나이까?"

사람이 질문하기를,

"신이시여, 신병이라고 하여 내림굿을 받고 무속인이 되는 사람들이 있는데 이는 왜 그러하나이까?"

신이 이르기를,

"그러한 사람들 또 한 자신과 연결지어진 또 다른 자신과의 교감에서 이상이 오면서 나타나는 발광병이니 이러한 자들은 약물로도 치료가 가하지 않으니라.

어떤 이는 조상에게 물려받은 이상병이 있고 어떤 이는 종교적 갈등이나 삶의 무료함 도착증 등 심한 정신적 자극을 겪었을 때 일어나는 현상이니 이는 육신과 영혼의 조화가 무너지면서 오는 고통이며 결국 많은 이들이 자신의 의지와는 관계없는 그 길을 걷게 되느니라.

그들의 영은 고차원으로 나타날 확률이 높을지니 그러나 대부분의 신병은 거짓 신병이니 이들의 삶은 핍박 받으리라. 즉, 정신세계가 마치 실타래가 얽히 듯 그 내림이 뇌의 뉴런과 시냅시스가 얽히는 듯 고통이 가중되나니 스스로 자신의 육신과 정신을 재창조하여야 하느니라. 그 답은 이 책에 있느니라. 너는 내게 기도할 때 서서 기도하라."

신이 사람에게 묻기를,
"그래. 그건 그렇고 살 만은 한 것이더냐?"
사람이 말한다.
세상살이 힘이 듭니다. 누구나 그러하듯 결코 쉬운 삶은 없지만, 그러나 사는 날까지 살아보렵니다.

신이 이르기를,
"누가 만든 길이더냐? 스스로 만들었으니 너만이 가야 할 길이니라. 더 살아보거라."
신이 사람을 보고 묻는다.
"그래, 당뇨 외 특별히 아픈 데는 없고?"

사람이 답한다.

"네, 뭐, 그럭저럭 괜찮아요. 제 나이에 그래도 건강한 편입니다. 신과의 대화에서 방언으로 들려오는 내용을 글로 표현하기란 쉽지 않으므로 수정하고 쓰고 지우고 또 쓰고 명확하지 않을 때는 문헌이나 기록을 인용 응용하며 기록하고 있나이다. 그러다 보면 코피 흘리고 힘이들어 피곤한거 외는 그럭저럭 하나이다.

태생이 얼굴이 깜에서 놀림받느 거 빼고요. 솔직히 말씀드리면 늘그막에 돈 좀 벌어볼까 하는 마음에서 글을 쓰기 시작하였는데 글을 써 내려갈수록 돈보다는 세인들에게 일말이라도 도움이 되기를 바라는 마음으로 쓰고 있나이다.

그런데 도움이 될지 안 될지 이 글이 과연 설득력이나 학술적으로 문제는 없는지 고민이 많으나 제가 주장하는 학술은 이미 세상에 나와 있는 패러다임이 아니기 때문에 이 글로 인하여 수많은 세인들이 공감을 불러일으킬 수 있다는 기대감으로 집필하고 있나이다."

신이 웃으신다.

"껄껄껄. 지성이면 감천이요 지향이면 감신이라 하였거늘, 자식들 편하고 네 몸 크게 아픈 데 없이 생애하면 되느니라."

신이 이르기를,

"너 사람아, 반지하에서 산다고 하였느냐? 반지하는 골방과 같으니 기록에도 있지 않더냐? 읽어보거라."

사람이 답하며 기록을 읽으니,

네……. "너는 기도할 때에 골방에 들어가 문을 닫고 은밀한 중에 네 아버지께 기도하라. 은밀한 중에 보시는 네 아버지께서 갚으시리라."

신이 이르기를,

"너는 골방에서 나와 교감을 하고 있으니 복이 있도다. 어허흠."

사람이 불만스러운 어투로 구시렁거린다.

"뭔가 찔리는 게 있으신가 봐? 헛기침하시는 걸 보니……골방에서 복? 신께서나 골방에서 실컷 사십시오."

신이 헛기침을 하시며 이르기를,

"왜 삐졌냐? 나는 이미 네 안에 골방에서 거하니라. 들어보거라. 없는 것은 있게 하기 위하여 존재함이요, 있는 것은 변화하기 위하여 존재하나니, 네가 거대한 저택에 살아도 삶이 끝 간 데 없이 허무하면 곧 골방이니라. 네가 골방에서 살아도 나와의 교감을 위한 공간이라면 그곳이 곧 저택이느니라. 이제 머지않아 그 지하 골방에서 나올 때가 되었느니 실현되어 저택에서 머물리라."

신이 다시 이르기를,

"너는 나에게 기도할 때 서서 기도하라. 서서 기도할 때는 선 자리에서 한 발 앞으로 나아가 기도하고 끝나면 다시 제 자리로 오면 되느니라. 이는 자신이 선 자리는 자신이 거하는 공간이고 한 발 앞서 나아간 자리는 신의 공간으로 분간하느니라.

스스로 신의 공간으로 나아가 기도함이 마땅하며 몸짓(자세)의 기도 중 으뜸이니라. 무릇 기도란 몸짓(행동)과 생각과 말이 일치성이 있어야 하나니라.

네 육신이 허락하는 날까지 서서 기도하라.

무릇 꿇지 말고 당당하게 기도하라. 엎드리거나 무릎 꿇는 기도는 굴복함이니 약한 자가 강한 자에게 머리를 조아리는 형국이니. 나는 네가 무릎 꿇고 기도하는 것을 원치 아니하느니라.

나를 향하여 엎드려 절하지 말지니라. 나는 또 다른 너이니 언제나 의롭고 당당하게 기도하거라.

서서 기도하는 예법으로 족하나니 나는 또 다른 너이니라.

나는 네가 원하면 무엇이든 이루리라.

그 이룸이 시간이 길어져 네 바램의 결과가 늦을지라도 실망하지 말고 차원을 넘어서라도 반드시 이루어지리니 악을 넘어 나와 교감하여라.

나는 내가 창조한 사람 위에 있지 아니하나니 네가 곧 나이며 내가 곧 너이니 나와 당당하게 교감하거라.

네 안에 나를 지배하고 이기거라.

너의 영혼은 굳건해지고 힘과 능력은 강대해지리라.

네 안에 또 다른 너의 보고(寶庫)는 기록에 의하듯 동록(銅綠)도 도둑도 들지 아니하나니 기도의 이치가 이와 같으니라.

이 메시지가 네 안에 막을 거두고 나를 이기는 것이니라.

나는 곧 너이니라. 그리하면 진정한 자존감과 자신감이 무엇인지 깨닫게 되며 진정한 자아성찰에 이르리라."

사람이 질문하기를,

"그러면 인간 세상에서 상하 질서에 의하여 예법을 따르고 예를 갖추기 위하여 절하는 것도 아니되나이까?"

신이 이르기를,

"너 사람아, 인의신지예(仁義信智禮)에 의하되 기도가 아닌 사람과 사람간에 예법을 준수하는 것은 마땅하니라.

예를 갖추고 대하는 그 사람 안에도 내가 있으니 네 안에 너 외에 상대의 안에 있는 나에게 절을 하는 것은 마땅하니라.

기도가 아닌 예를 갖추기 위한 행위는 기도를 위한 예법과 다르니라. 네 안에 너에게 지나친 예법을 갖출 필요는 없나니 나는 네 위에 군림하지 아니하니 너와 나는 음양오행의 법칙에 의한 관계이니라.

네가 나에게 굴복하는 듯한 기도의 행위는 곧 네가 너에게 굴복함이라. 결코 네 안에 나를 지배하지 못하니라. 네 안에 또 다른 너는 곧 나이며 오직 너만을 위하여 존재함을 망각하지 말지니라.

나는 너의 존재에 대하여 무섭고 두려운 존재가 아니니, 나는 너에게 명하지 않으며 나는 너에게 부와 천국을 빙자로 너 위에 군림하지 아니하니, 나는 오직 너만을 위한 신이니라."

1-2-2. 신이시여,
　　　 오행의 끈은 무엇이나이까?"

사람이 질문하기를,
"신이시여, 그러하나이까! 그러하면 오행의 끈은 무엇이나이까?"
신이 이르기를,
"오행의 끈이라 함은 살아생전 사후세계를 준비한, 깨우침의 삼라만상을 창조한 5원소(五元素)를 말함이니라."

사람이 질문하기를,
"신이시여, 무슨 말씀이신지 잘 모르겠나이다.
그렇다면 사후세계의 영혼이 구원받으려면 종교나 깨달음의 경지에 오른 도통자를 따르면 되나이까?"
신이 이르기를,
"너 사람아, 이 세상 어떤 종교도 선지자도 너를 구원하지는 못하니라.
다만, 네 스스로 너를 구원할 수 있는 길을 알 수 있도록 지혜를 주고 가르침을 주느니, 중국의 도통자도 인도의 해탈자도 제자나 중생들을 윤회의 굴레에서 구원해주지 못하였느니라."

사람이 질문하기를,
"신이시여, 중국의 도통자는 누구이나이까?"

신이 이르기를,

"그는 도덕경을 일파한 자이니 그 중 벽진(壁震)이라 팔괘의 하나로서 사람의 마음이 아름다워질 때 스스로 돕나니, 이는 나와의 교감을 활발하게 해야함을 일컫는 것이니라. 마음이 아름답지 않고 영이 영롱하지 않으면 결코 고급영으로 돋움할 수 없나니 윤회의 굴레에서 피고 지고 하느니라.

그러므로 주역에서 팔괘는 만류변화의 기초형식으로서 사람의 마음을 아름답게 할 수 있으되 그 방법이 모호하였느니 너 사람아 나를 위한 교감을 위하여 매개물을 준비하여라. 그리하면 네 안에 악의 축을 견제할 수 있느니라."

사람이 어려워서 이해할 수 없다는 표정을 지으며 질문하기를,

"신이시여, 여기서 도자기 연출법은 개인의 예술적 취향이나 풍수 개념의 분위기 쇄신과 징표용 정도의 용도로 응용하려 함인데 어찌 그게 악의 축을 견제하나이까?"

신이 이르기를,

"사람을 싫어한 외계인의 피가 네 안에 거하메 그들이 사람의 종말을 위하여 악의 축으로 군림하며 너를 조종하나니 너는 나에게 다가오기 쉽지 아니하느니라. 그들은 각종 질병을 유발하고 약을 오남용하도록 유도하고 마약을 만들어내며 생태계를 파괴, 전쟁을 유도하느니라.

너 사람아, 악의 축에 의하여 사람이 종말을 이루면 너희는 결코 너의 별로 가지 못하리니, 고급 영으로 거듭날 수 없느니라.

너 사람아, 나는 분명히 말하였느니 나는 선과 악 음과 양으로 구성된 집적 체이니 선과 악 중 악으로 악을 막을지니라. 네 안에 있는 나의 악은 너를 위하여 존재하는 필요악이며 의로운 악이니라.

너 사람아, 그 징표, 이적용이 나와의 교감을 이루는 매개체가 되고 연출하는 사람의 수가 많아지면 각기 다른 성질과의 힘과 능력을 지닌 오행이 하나로 합체가 되어 나의 큰 힘이 발현되느니라. 그 힘은 너희를 의롭게 하나니 악이 결코 의로움을 이기지 못하니라.

외계인은 도자기에 봉인되는 것을 두려워하며 연출된 도자기에는 우주의 만기가 내포되어 있음이라. 고급영으로 고차원의 세상으로 가려면 깨달음이 있어야 하거늘 아래 내용이 도움이 될지라 참고하거라."

1. (공허, 점의 존재) 태초에 천지창조가 탄생하기 전 점 하나가 있었고 공허가 있었나니,

2. (흑암의 발로) 흑암에는 물의 성분이 있었고 무위이화의 이치에 의하여 스스로 음과 양으로 분리되느니라.

3. (에너지 탄생) 그 작용은 각기 다른 성질의 에너지가 되어 음과 양이 충돌하느니라.

4. (소리와 빛의 탄생, 빅뱅) 그로 말미암아 큰소리가 생겨나고 오색 빛이 일어나느니라.

5. **(오원소 탄생)** 흑암이 소리와 빛을 만드니 천지가 창조되고 삼라만상의 형체를 갖추느니라.

6. **(우주의 법도와 법칙 탄생)** 음양이 일어난 후 오행이 정립되느니라.

7. **(팽창과 원의 탄생)** 우주는 끝없이 팽창하고 새로운 공간은 원을 그리며 끝없이 창조하느니라.

8. **(영혼의 탄생)** 음양오행이 정립된 후 영혼의 탄생이 실현되느니라.

9. **(육신의 탄생)** 태초에 하늘과 땅이 구분을 이룰 때 영의 공간과 육신의 공간도 나누어지느니라.

10. **(육신의 죽음과 영혼 영생의 확립)** 윤회의 공간과 영생의 공간을 분리하여 생명체의 우주적 진화를 섭리와 이치로 확립되느니라.

11. **(자각지적 생명체 진화와 탄생)** 재창조 거듭에 의한 지적 우주공간 탄생과 지적 생명체가 탄생하느니라.

12. **(삼라만상 창조와 유지관리의 원소적 확립)** 천지창조의 5원

소 [水, 火, 金, 土, 木] 삼라만상 유지관리의 5원소 [木, 火, 土, 金, 水]의 확립이니라."

1-2-3. 신이시여,
저와 우주는 어떤 관계이나이까?

사람이 질문하기를,
"신이시여, 저와 우주는 어떤 관계이나이까?"
신이 이르기를,
"세상 모든 만생 만물의 물체는 네가 없으면 모두 사라지나니 네가 있을 때 만생 만물도 존재하느니라.

과거는 있으되 없는 것이며 현실은 있는 것이며 미래는 없는 것 같지만 반드시 존재하느니라.

이와같이 과거와 미래가 공존하는 시간대가 현실이나니 보이지 않는 기운과 보이는 기운이 곧 현실에서 운행하느니라.

'네가 없으면 이 세상도 없다.' 하였나니 그러므로 천지창조의 의미는 곧 너를 위함이라 깨달음의 척도는 너의 존재 가치를 깨닫게 하느니라.

그러므로 네 영혼이 온전하여 영원할 때 천지창조의 의미를 부여하느니라.

고로, 네 육신은 삼라만상이며 네 영혼은 천지창조이니라.

사람이 질문하기를,

"신이시여, 성경은 유일신과 함께 '오직 예수(나)를 말미암지 않고는 천국을 향할 수 없다.' 라고 되어 있으며 윤회라는 기록은 전혀 없는데 어찌 윤회를 이해해야 하나이까?"

신이 이르기를,

"너 사람아, 성경의 지옥은 윤회의 기록이며 천국은 윤회를 탈출함을 일컫느니라. 억지라고 여기는 자와 믿으려 하지 않는 자와는 대화하지 말지니라.

예수가 십자가를 지고 죽음에 이르기까지의 다섯 단계를 알지니, 골고다에서 일어난 음양을 나타내는 좌우 두 죄수와 가운데 오행을 나타내는 예수가 십자가에 달린 장면을 망각하지 말지니, 루시퍼는 막을 치고 예수는 그 막을 제거하리니 모든 것은 각 개인의 깨달음이 곧 예수의 목표이니라.

성경의 기록으로 위와 같이 해석하였으나 결국은 네 안에 또 다른 네 자신을 말함임을 혼동하지 말지니라.

너 사람아, 네 육신은 나약한 존재이지만 네 안에 또 다른 너는 강하니라.

악을 견제하되 이기려 들지 말고 선(善)을 의지하되 선(線)을 넘지 말며 네 안에 선이 교감으로 눈앞에 생생하게 보이는 듯 굳건할 때 악(惡)도 도리없이 네 편에 서니라.

나는 선악의 양면성을 지닌 네 안에 오직 너만을 위하여 존재하는 신이니라."

사람이 질문하기를,
"신이시여, 왜 자꾸 기록을 인용, 응용하나이까?"
신이 이르기를,
"너 사람아, 성경 기록을 모두 진실이고 진리라고 여기지 말지니 66권으로 이루어진 그 기록이 다섯 단계의 오행을 나타내기 위한 대장정의 장문이니라. 이를 아는 자도 없고 알려고 하지도 않으며 알 길도 없었느니라."

사람이 질문하기를,
"그 오행을 전하는 메시지는 어떤 기록이나이까?"
신이 이르기를,
"예수가 십자가에 달린 이유니라. 태초에 감추어진 비밀을 드러내기 위한 메시지를 인류에게 전하기 위함이니라."

1-2-3. 신이시여, 천지창조의 원리를 다섯 단계로 이루었다 함은 무엇이나이까?

사람이 질문하기를,

"그것이 무엇이나이까?"

신이 이르기를,

"천지창조의 원리를 다섯 단계로 이루었느니라. 이는 모든 생령이 사후 영혼이 소멸되지 않고 고급영으로 거듭나서 영생할 수 있는 비밀을 알려준 것이니라."

사람이 질문하기를,

"그것이 무엇이나이까?"

신이 이르기를,

"천지창조의 원소적 나열은 [木, 土, 金, 火, 水]이며 이를 나타내기 위한 노고는 다음과 같으니라.

[木]은 예수가 진 십자가는 나무로 만들었으니 나무 [木]에 해당함이요,

[土]는 예수의 육신은 흙으로부터 왔으니 흙 [土]에 해당함이요,

[金]은 예수의 몸에 쇠못이 박히니 못은 쇠 [金]에 해당함이요,

[火]는 예수의 몸에서 피가 흘러내리니 붉은 피는 불 [火]에 해당함이요,

[水]는 예수의 눈에서 뜨거운 눈물이 흐르니 눈물은 물 [水]에 해

담하나니,

　천지창조의 오행 원소의 순서는 영적인 대화와 함께 지대한 과학을 이루는 초석이 될 것이니라. 그러므로 **생의 끝은 영혼의 안녕이며 믿음의 끝은 또 다른 너이니라.** 그러니 이를 명심하여야 할 것이니라……."
　사람이 질문하기를,
　"그러하나이까? 성경을 믿는 신앙인들은 지금 하신 말씀을 아무도 믿지 않을 것 같나이다. 신이시여, 깨달은 영은 왜 혼자 가지 않고 혼을 데리고 가야 하시나이까?"
　신이 이르기를,
　"영이 태양계를 탈출하여 새로운 세상에 안주할 때 혼이 있어야만 육신을 만들 수 있느니라. 영은 생각을 담당하고 혼은 기억을 담당하나니 반드시 필요한 존재이니라.
　영은 주관적이며 혼은 객관적이고 영은 양이며 혼은 음이니라, 육신은 오행의 섭리에 의하여 만들어지니 음양오행이 반듯해야 비로소 완전한 생명체가 되나니 이치가 이러하니라.
　혼이 객관적이라 함은 육신은 객관적 형체이니 육신을 지탱하는 의식의 작용 외 모든 육신의 작용을 말함이니라.
　누구든지 자신 외 두려워할 존재는 없나니 가장 두려운 존재는 내면의 또 다른 자신이니 그를 화나게 하지 말지니라.
　사후세계 영혼이 소멸될 것을 두려워할지라.
　사후세계 거의 모든 영혼은 소멸될지니 한 번 맺어진 영과혼은 다시 만날지니 혼은 영이 합체를 원할 때까지 땅에 거하리라.

이것이 양과 음 영과 혼의 인연법에 의한 오행의 원리에 의하여 탄생하는 생령의 필연이니라."

사람이 질문하기를,
"신이시여, 지구상에 모든 생명체들은 어떻게 생겨났나이까?"
신이 이르기를,
"태초에 함이 없이도 이루어지는 원리에 의한 모든 생명체는 양(하늘)으로부터 씨를 받고 음(땅)에서 품으니 빛에서 수명을 받아 음양오행의 원리에 의하여 형상을 지니고 살아가느니 그 종족의 수는 땅의 미립자만큼이나 종류가 다양하니라. 태양계를 지은 것은 우주의 모든 생명체들의 박물관을 지구로 정하였느니라.

이는 생명체가 형체를 갖추는 자연의 공식에 의하여 각종 형체의 생명체가 탄생하느니라. 이 지구는 태초에 우주에서 생존하는 수많은 생명체들의 박물관으로 지었느니라.

그러나 결국 사람을 사랑한 신이 지구를 사람이 지배하는 공간으로 만들었느니라. 지금도 수많은 우주의 생명체들이 지구 박물관에서 생존하는 생명체를 관람하기 위하여 오느니라. 그들의 형체를 사람의 오감으로는 느끼지 못하나니 이는 사람이 지구가 돌아가는 소리를 듣지 못하는 것과 같은 이행이니라. 이들이 관람료를 내는데 그것은 하늘에서 내려오는 온 갖 지혜이니라. 이 만나는 지구상에 모든 생명체가 살아갈 수 있도록 달란트가 되며 이 지구박물관을 관람하는 이는 외계인이니라.

여기서 말하는 외계인이라 함은 사람 눈에는 보이지 않는 물체로서 사람의 영혼과 같은 질을 말하느니라. 저 광활한 우주공간 수많은 별들 중에는 어떤 별은 호랑이만 사는 별이 있고 어떤 별은 토끼만 사는 별이 있고 어떤 별은 곤충만 사는 별이 있느니라."

사람이 질문하기를,

(속으로) '갑자기 외계인은 또 뭐야?' 하며 갸웃거리다

(다시 겉으로) **"신이시여, 그렇다면 예를 들어 육식동물인 호랑이만 사는 별은 무엇을 먹고 사나이까?"**

신이 이르기를,

"식물에서 열매 대신 육고기가 열려서 그것을 먹고 사니라."

사람이 말한다.

(사람이 속으로 말한다) '뭔 소리여? 하기야 지구에서도 곤충을 잡아먹는 식물이 있기는 하니까.'

(다시 겉으로) "그러하나이까?"

(신이 예리한 표정으로) "왜? 못 믿겠다는 표정이네?"

사람이 말한다.

(속으로) '그럼, 말 같은 말을 해야 믿지. 개뿔!'

(다시 겉으로 말한다.) "아니옵나이다. 믿사옵나이다."

신이 말한다.

"뻥이다, 이놈아! 껄껄껄."

사람이 말한다.

(속으로) '뻥이라구요? 어쩐지?'

"신이시여, 항간에 외계인이 사람을 지었다는데 그러하나이까?"

신이 이르기를,

"사람과 관련된 육신을 가진 외계인이라 칭하는 생명체는 우주 외계로부터 온 것이 아니니라.

외계인은 지구 내 외부에 거하던 생명체였고 먼 이전 그들은 고도로 발달 된 문명을 가졌으나 일순간 자신들끼리의 전쟁으로 인하여 종말을 고하고, 살아남은 외계종이 있었느니 그 생애 속에 먼 이전 그들의 세상에 그들의 모습과 다른 네피림(Nephilim)과 돌연변이가 된 사람의 모습이 있었고 외계인이라 칭하는 그 생명체가 그 사람의 모습을 보고 아름답게 여긴지라.

그 외계인 중 사람을 아름답게 여기고 가엽게 여겨 보호하였나니 결국은 정을 통하여 아기가 탄생하는지라 그 새로운 생명체는 외계인의 피를 물려받으니 이성을 알게 되고 점차적으로 지금의 이성에 눈을 뜬 온전한 생령이 되었느니 그 후 모든 외계인이 사람과 정을 통하니 서서히 외계인의 모습은 완전히 사라지고 각 외계인의 염색체와 모습대로 외모를 이어받으니 황색, 백색, 흑색 인종이 현세하게 되었느니라.

네 안에 또 다른 너는 그 외계인 마저 지어낸 태초의 나이니라. 이를 잊지 말지니라."

사람이 질문하기를,

"신이시여, 그렇다면 사람은 창조이나이까? 진화이나이까?"

신이 이르기를,

"너 사람아, 창조가 없으면 진화도 없나니 창조와 진화를 따로 분리할 수 없느니라. 지금 네 모습이 변화하지 않고 느닷없이 지어졌다고 여기지 말라."

사람이 질문하기를,

"영장류가 사람으로 진화하였다는 진화론은 틀린 것이나이까?"

신이 이르기를,

"사람을 창조 후 진화하다 보니 아름다운 사람으로 진화하였고 이를 본 외계인이 돌연변이라 여겼고 처음에는 실험 대상으로 삼았느니라."

1-2-4. 신이시여, 남자와 여자 둘 중 누가 먼저 돌연변이였나이까?

사람이 질문하기를,

"신이시여, 남자와 여자 둘 중 누가 먼저 돌연변이였나이까?"

신이 이르기를,

"너 사람아, 닭이 먼저냐 알이 먼저냐를 질문하는구나? 껄껄껄.

남자가 먼저였다면 외계인이 아름다움을 느끼고 품에 안았겠느냐? 외계인과 정을 통한 여자는 최초의 혼혈을 낳으니 그가 곧 인류의 조상이 되었느니라."

사람이 질문하기를,
"……? 기록에는 아담(남자)을 먼저 지었다고 기록되어 있는데요?"
신이 이르기를,
"나를 못 믿겠다는 말투네? 그건 기록을 은유한 것으로서 외계인이 여자와 정을 통한 후 남자가 생산되었느니 이를 두고 흙으로 사람을 만들고 영을 불어 넣었다고 기록하느니라."

사람이 당연히 못 믿겠다는 표정으로 질문한다.
"신이시여, 현존하는 외계인은 없나이까?"
신이 이르기를,
"너 사람아, 사람의 생각과 상상에 의하여 과학이 탄생하고 현세가 존재하나니 네 모습은 앞으로 네가 원하는 대로 진화하리라.
그들 중 사람을 싫어한 그들의 피도 사람에게 흐르고 있나니 정신줄을 놓지 말거라. 그 피는 너희 중 많은 사람들이 내면에 악이 되어 있나니 그 악을 넘지 못하고는 나에게 다가오지 못하니라. 즉, 현세하는 외계인은 네 외면에 있나니 사람의 세상과 영혼의 세상 가운데 중천에 그들은 존재하나니 그들은 분신과 변신을 자유로이 하며 너희들을 조종하느니라.

네 안에 나는 오직 너만을 위하여 존재하나니 너와 연결지어진 네가 온 그 별, 그 별의 기운이 곧 나이니 내가 태초에 천지를 창조하고 무수한 별들이 생겨날 때 나의 분신이 각 별마다 안주하나니 그 별의 기운대로 너는 생령이 되었나니 나는 너와 연결지어진 또 다른 나이니 내가 너를 돌연변이로 만들어 오늘의 사람 모습이 존재하느니라."

사람이 (속으로 생각한다) **'그런가?'** (다시 겉으로) **질문하기를,**
"신이시여, 저는 사람 사는 세상에 적응이 안 되나이다."
신이 이르기를,
"너 사람아, 어찌 아니 그러하겠느냐? 네 영은 네가 알 수 없는 머나먼 곳으로부터 왔나니 인간 세상에 적응할 즈음에는 죽음이 오리니 네가 이 세상에 온 이유를 알 때까지 너는 너에게 처해진 환경에 적응하지 못하니라.

여기서 적응하지 못한다고 함은 변화무쌍한 주어진 환경에 적응하지 못한다는 것이 아니라 인간관계와 사회적 구성 등 각종 질병과 심적 부담감에 시달리며 산다는 것을 의미하느니라. 그러므로 네 안에 너를 온전하게 알기까지는 적응이 쉽지 않으리라.

이 세상에는 번성의 법칙에 의한 생령의 육신보다 앞선 육신이 있나니 그 육신은 태초에 삼라만상이 생성되면서 같이 생겼느니 그것은 너희가 말하는 살아있는 별로서 행성이며 항성이니라.

사람의 지문이 다르듯이 사람이 온 별도 각기 다르나니 그 별로 돌아갈 때까지 나를 알지 않고는 돌아갈 수 없느니라. 그러므로 네 안에 나는 곧 네가 온 별의 에너지이니 나는 곧 너만을 위하여 존재하는 신이니라.

　우주가 아무리 넓어도 네 마음의 넓이보다는 작고 빛의 속도가 아무리 빨라도 네 안에 있는 영(靈)의 속도보다는 느리니라. 네 마음으로 네 영으로 능치 못함이 없으리니 이는 곧 네 마음과 연결지어진 네 안에 나이니라.

　네 안에 나는 때론 친구가 되고 애인이 되고 스승이 되나니 거창하게 신의 근엄한 모습으로 여기지 말지니라. 네가 정하여 놓은 매개물이 곧 나의 모습이니 그 모습에서 부와 명성을 얻고 강건함이 존재하나니 고독과 우울도 희석하느니라."

사람이 질문하기를,

"신이시여, 연출된 도자기는 생물도 애완동물도 아닌데 어찌 사람과 말동무가 되며 고독과 우울증에 도움이 되나이까?"

신이 이르기를,

"유기물에서 무기물로 변한 도자기에는 많은 이야깃거리가 있고 예술적 가치와 아름다움이 있나니 나와의 교감을 위하여 연출하는 그 자체만으로도 정신세계가 열리겠으나 그 교감은 썩는 일도 없고 죽는 일도 없나니 이치가 그러하니라."

사람이 퉁명스럽게 질문하기를,

"아니 신과 원활한 소통을 위하여 매개물로 연출하는 것은 그렇다 치고 애완동물처럼 반려 개념이 있어서 먹이도 주고 교육도 시키고 서로 밀접한 애정을 느끼며 가족의 일원으로서 키우며 같이 해야 하는데……아무튼 잘은 모르겠지만 반려동물로 인하여 고독도 우울증도 다소 해소되는 게 아닐런지요? 도자기하고 무슨 대화를 하고 애정을 주나이까?"

신이 이르기를,

"그놈 참, 말 많네! 나와의 교감을 위하여 연출해 놓은 도자기는 또 다른 의미가 있나니 예술적 가치가 격상하며 인류의 조상인 얼이 내재 되어 있으므로 그 대상물과 숙련 된 대화를 할 수 있는 심적 깊이를 갖추게 되면 정신적으로 고무되고 고차원이 고착되느니라."

사람이 중얼거린다.

"그런가?"

신이 이르기를,

"반려동물은 사람과 애연적 관계이니라. 그러나 그러한 소중한 반려동물을 많은 이들이 충동적이거나 깊은 생각 없이 가족으로 맞이한 후 귀찮다고 버리고 학대하고 안락사를 시킬 수밖에 없는 지경에 이르나니 스스로 업을 짓는 것이니라.

너 사람아, 속세와 연을 끊고 속세를 떠나서 수도정진하는 이가 고독사나 우울증으로 시달리는 것을 보았느냐? 연출된 도자기와 대화함은 처음에는 잘 모를지나 계속 교감으로 대화함은 곧 나와의 교감을 활발하게 할 뿐만 아니라 그 자체가 속세에서 수도를 행하는 정진자가 되나니 애정을 느끼는 애장품이 되느니라.

가시적 생명력이 없는 연출된 도자기가 고독이나 우울증에 도움을 줄 수 있다고 함은 애완동물을 가족으로 맞이하여 그 주인과 상극하는 경우가 있고 그로 인하여 운이 쇠퇴하거나 병마를 불러일으키는 경우가 있나니 이를두고 미신이라고 여기지 말지니, 따라서 잘 연출 된 도자기는 동물과 사람과의 관계를 좋은 운으로 작용하게끔 유도하는 운력을 지니느니라.

　나는 분명히 말하였느니, 이 세상을 창조할 때 말씀으로만 창조하지 않았으며 너희 세상 시간이 있기 전 시간조차 없는 시공 속에서 수많은 시행착오 속에서 스스로 일어나 스스로 고독과 외로움을 견디고 극복하였나니 너희 시간대로 한다면 수십 수백 억겁의 싸움이었나니 아무리 고독하고 외롭고 우울해도 내가 겪은 시간보다는 고통스럽고 괴롭지는 않으리라.

　연출된 도자기에는 내가 겪은 시간대의 고충도 내재되어 있나니 힘들고 괴로울 때면 매개물을 보면서 위안을 삼을 것이니라. 거기에는 기록에 의하듯 동록(銅綠)도 도둑도 들지 않으니 또 다른 너의 보고(寶庫)이니라.

　나와의 교감을 위한 교두보 대상물로 네 안에 있는 나를 생각하여라. 외롭고 우울할 때는 천지창조를 위한 힘들었던 네 안에 나를 생각하거라. 그리하면 외로움도 우울도 사라지리라. 너의 외로움과 우울증이 내가 세상을 창조하기 전에 비하면 아무것도 아니니 이치가 그러하니라. 깨달음의 척도는 멀고 험하리라."

1-3
정녕, 신께서는 전지전능하시나이까?

1-3-1. 신이시여, 인간사 가족사에 갈등과 반목은 어떻게 슬기롭게 대처하나이까?"

사람이 질문하기를,

"신이시여, 인간사 가족사에 갈등과 반목은 어떻게 슬기롭게 대처하나이까?"

신이 이르기를,

"천륜 간에, 형제 간에, 고부 간에, 상하 간에, 친구 간에 반목하고 사는 삶은 어떤 이유로도 정당치 아니하나니, 이 세상에 자신을 낳아준 엄마보다 더 아름답고 고귀한 여자는 없느니라. 이 세상에 자신을 있게 해준 아버지보다 더 소중한 은혜로운 대상은 없느니라.

시대변천사는 사람이 한평생을 살아가는 동안 환경을 변화시키고 삶의 경쟁이 심화되니 모든 이의 관계가 어찌 고단하지 않겠느냐? 삶이 지치고 힘들 때, 네 안에 나를 보거라. 잠시 왔다 가는 인생 같지만 삶이 지치고 힘든 시간대는 너무도 기나긴 인생길이 되느니라.

그러나 부모가 자식을 학대하고 자식이 부모에게 불효하고 며느리가 시부모를 냉대하고 시부모가 며느리를 냉소하고 천륜 간에, 고부 간에, 가족 간에 고귀한 인연의 끈을 스스로 끊어버리는 행위는 개인의 존폐가 달려있나니 이는 곧 모든 고귀한 인연을 끊어내는 행위이니 천륜의 비애이며 실패이니 개인의 종말이 될지라.

이는 곧 고급 영으로 거듭나는데 큰 결점이 될지니 윤회의 굴레 속에 갇히며 그 내세는 혹독한 시간대가 기다리고 있을 것이니. 그 영혼은 허공 중천에 먼지가 되어 흩어지리라. 그러하니 모든 인간관계는 곧 우주의 무한한 별과별의 관계이니라.

어찌 이를 간과하고 생령의 기본적인 윤리와 도덕을 저버리고 반목하고 무시하고 과욕으로 시기하고 질투하려 하느냐? 너의 영은 각자 홀로 다른 별에서부터 와서 가족이 되고 친구가 되고 사회의 구성원이 되나니 갈 때도 각자 머나먼 별의 고향을 외로이 혼자 가야 하나니 사는 날까지 서로 믿고 의지하며 사랑으로 살지니라."

사람이 질문한다.
"신이시여, 제가 혹여 영적인 분야의 말을 사람들에게 할라치면 마치 정신 나간 사람처럼 여기나이다."

신이 이르기를,

"너 사람아, 기록 중에 노자가 논하기를 화광동진(和光同塵)이라고 하였느니 속에 있는 지덕을 감추고 세인들과 어우러져 살지니 겉으로는 그들의 생각과 말에 맞추며 살거라.

중국의 황석공은 비유비무위도(非有非無爲道)라고 하였느니 즉, 실상은 있지도 않으며 없지도 아니하다 하였으니 어느 한쪽도 치우치지 아니하고 중도(中道)를 지키라는 뜻이니라.

그러나 네가 스스로 옳다고 판단되면 그곳을 향하여 가도록 하거라. 기록에 의하듯 차지도 뜨겁지도 아니하면 입에서 뱉어지리라.

동양고철(東洋古哲)에서는 주역과 태극으로 수(數)를 논하였으며 동양철학 오행학과 과학은 합의상생하여 과학이 알지 못하는 영역을 탐구하여 인간 세상에 유익한 현상을 실현하는 데 그 기여가 다다르고 있느니라.

그러므로 생하여 화합하고 극하여 거리를 두어 조화와 질서를 유지함의 오묘한 현상을 대상물로 정하여 연출로 교두보를 삼는 네가 옳으니라. 너 사람아, 이 세상 사람들이 고급 영으로 고차원으로 거듭날 수 있는 사람이 몇이더냐? 그들은 대부분 소모품에 불과한 생령들이니 그들의 생이 그들의 한계이니 개념치 말지니라."

사람이 질문하기를,

"신이시여, 신답지 않게 어찌하여 사람이 기록한 고서를 인용하고 예를 들어 이해시키려고 하시나이까?"

신이 이르기를,

"내가 말하지 않았느냐? 나는 네 안에 있고 너를 중심으로 해석하는 것이니 고서나 기록을 인용하지 않고 글을 쓰면 세인들이 믿겠느냐?

어리석은 자들에게 굳이 네 안에 있는 나를 알리려고 하지말지니, 그들은 그들의 내면에 있는 사악한 기운에 길들여져 각자 자신의 내면에 있는 또 다른 자신의 실체를 알지 못하니라. 안다고 하여도 나와의 정신 감응을 일으키는 방법을 알지 못하니라."

1-3-2. 신이시여, 신께서는 남자이옵니까? 여자이옵니까?

사람이 질문하기를,

"신이시여, 신께서는 남자이옵니까? 여자이옵니까?" 하고 물었다.

신이 이르기를,

"태초에 세상이 생기기 전 흑암이 있었고 흑암 전에는 어둡지도 않고 밝지도 않았으니 그 공허는 회색이었느니라.

나는 음양이 동시에 존재하나니 남자도 아니며 여자도 아니며 높지도 않으며 낮지도 않으며 크지도 않으며 작지도 않으며 밝지도 않으며 어둡지도 않으며 넓지도 않으며 좁지도 않으며 길지도 않으며 짧지도 아니하느니라.

　그러나 네가 진실로 원한다면 무엇이든 명확해지리라. 네 안에 내가 있으되, 나의 모습은 따로 정해져 있지 아니하나니 너를 낳아주고 길러주신 부모님 모습이 으뜸이요 너를 반겨주고 은혜로운 님의 모습이 으뜸이요, 밀접한 인연이 된 형제의 모습이 으뜸이고, 친구 간 지인 간이 사해동포이니 어떤 이유로든 그들 인연과 반목하는 삶이 장시간 지속되면 곧 나와 반목하는 형국이니 그들에게는 나의 모습이 악마로 변신하여 보일지니 옳지 않으니라.

　천태만상 세상살이 어찌 화합과 평화만이 있겠느냐? 비록 반목하고 사는 일이 있더라도 마음만은 네 외에 모든이를 이해하고 용서하여야 하느니라."

사람이 질문하기를,

"신이시여, 거의 모든 생령이 왜 내면에 거하는 또 다른 자신과 교감하지 못하고 살아가야 하는지요?"

신이 이르기를,

"내면에는 또 다른 자신이 있으되 그 관문을 지키는 자가 있나니 그는 바로 사탄(따)이니라. 거의 모든 생령이 이 관문을 통과하지 못하나니 이는 기록에 의하듯 생명과를 지키는 불 칼과도 같으니라. 그들의 중증은 교화가 어려우니 나를 알려 하지 않느니라."

사람이 질문하기를,

"그렇다면 그 사탄을 어떻게 넘어야 하는지요?"

신이 이르기를,

"너 사람아, 사탄이라고 해서 무조건 악의 존재로만 생각 말지니라. 이 대목이 매우 이해하기 어려우니라. 어둠이 없으면 빛도 없듯이 악이 없으면 선도 없느니라.

음양오행 정설에서는 음과 양이 공존하나니 천지가 창조되기 전 물의 성분이 음과 양으로 나누어지고 거대한 전지가 되더니, 즉 마이너스와 플러스가 되어 서로 부딪히면서 오행을 이루어내니 이는 곧 삼라만상이 되고 우주는 집적체가 되었느니라.

고로, 우주 만물은 선과 악의 합작품이니라.

그러므로 악의 성질 중에서 생령의 삶에 직접적으로 관여하며 도움과 희망을 주는 성질이 있고 선의 성질 중에서 생령의 삶에 방해를 놓는 이중성을 지닌 성질이 있나니 이것을 깨닫는 사람은 복이 있느니라.

네 안에 또 다른 너는 곧 나는, 선과 악이 조화를 이룬 너만을 위하여 존재하는 합일신(合一神)이니라. 그러므로 악의 존재(막)를 넘으려거든 악과의 교감이 조화를 이루었을 때 악이 너를 인정하고 길을 내느니라.

이 세상을 창조한 원리가 매우 어려울 것 같지만 모든 것에 대하여 알고 나면 쉽듯이 창조의 원리도 알고 나면 쉬우니라. 그중 무위이화(스스로 되는 이치)로 이루어지는 모든 것은 스스로 이루어지니 곧 반복 자동화도 같으니라."

사람이 질문하기를,

"신이시여, 사탄이 싫어하는 것은 무엇이나이까?"

신이 이르기를,

"사탄이 지키는 관문을 통과하려면 그를 제압할 수 있는 무기 즉, 대상물과 함께 오행의 원리가 열쇠가 되느니라.

열려라 참깨가 아니라 열려라 어쩌고 저쩌고가 되느니라."

사람이 질문하기를,

"신이시여, 어찌하여 관문을 통과하는 주문을 알려주지 않으시고 어쩌고 저쩌고만 하시나이까?"

신이 이르기를,

"내 맘이다, 이놈아! 다 말해버리면 네가 나에게 계속 관심을 주겠느냐? 나도 히든카드는 남겨 놓아야지. 에헴, 껄껄껄…….

이 책을 정독하면 답이 보이니라.

어리석음이 계속되는 자는 잘못을 저지르고 회개하면 용서와 구원의 대상이 되는 줄 아나니 습관적으로 회개하고 저지르고 또 회개하고 기도의 중독을 일으키나니 내가 먼저 손 내밀어도 사탄의 꼬임에 길들여져 나를 알려고 하지 아니하니 어리석은 자는 내가 모든 것을 해결해주리라 바라고 현명한 자는 스스로 돕나니 나를 기쁘게 하느니라."

사람이 질문하기를,

(속으로) '어디서 많이 듣든 말 같은디?'

(다시 겉으로) "신이시여, 기록에는 기도할 때 '중언부언하지 말라'

고 하였는데 반복하면 안 되나이까?"

신이 이르기를,

"중언부언하지 말라는 뜻은 신이 다 알아들었으니 같은 말을 되풀이하지 말라는 뜻이니 그러기에 중언부언하지 않기 위해서는 사람과 신의 교두보 역할을 하는 대상물이 필요하니라. 그러면 중언부언하지 않아도 그 대상물이 사람의 바램을 끊임없이 신에게 전달하느니라.

그 외 너 사람아, 무릇 정성이란 목표를 향하여 일별하고 그 하나의 소원이 이루어지면 다음 소원을 비느니라.

중언부언하지 말라고 한 것은 하지 않아도 좋을 말을, 당연한 말을 하지 말라는 뜻이며 기도의 내용이 이랬다 저랬다 두서없이 한 번에 이것도 저것도 바라는 분별력 없는 기도를 하지 말라는 뜻이니라."

사람이 질문하기를,

"신이시여, 우리나라 속담에 개똥밭에 굴러도 저승보다 이승이 낫다는 말이 있는데 왜 그러한지요?"

신이 이르기를,

"앞서 말하지 아니하였느냐? 거의 대부분의 생령이, 사후세계를 준비하지 않은 영은 갈 길 몰라 헤매이며 모진 시간대로 접어드느니라.

그러나 고급 영으로 거듭나기 위하여 노력하는 자나 고급 영이 된 자는 선택권의 권리를 부여받고 다음 차원을 여행하느니라."

사람이 질문하기를,

"신이시여, 생령이 육신을 가진 이래 수없이 많은 세월 이미 돌아가신 조상들의 영혼은 어찌 고급 영으로 거듭나게 하나이까?"

신이 이르기를,

"걱정하지 말지니라. 모든 것이 현존하는 생령과 연결되어 있나니 네가 정녕 깨달음을 얻는다면 그들도 거듭나거나 혹은 과거의 생령들은 윤회의 프로그램에 따라서 피고 지고 하느니 복 있는 자 고급 영의 대열 속에 함유되느니라."

사람이 질문하기를,

"신이시여, 현존하는 생령이 과거 현재 미래의 모든 만생 만물과 연결지어져 있다고 하셨는데 이해할 만한 근거가 있는지요?"

신이 이르기를,

"너 사람아, 꿈을 꾸느냐? 꿈은 예지몽, 잡몽, 선몽, 태몽 등이 있는데 특히 태몽 같은 경우 식물이나 과일 산천초목 동물(상상의 동물과 현존하는 동물) 등이 태어날 아기를 미리 알려주느니 만생만물이 연결지어져 있음을 제시하라면 꿈의 내용과 같으니라."

1-3-3. 신이시여, 솔직히 또 다른 나의 정체에 대하여 잘 모르겠나이다.

사람이 질문하기를,

"신이시여, 솔직히 또 다른 나의 정체에 대하여 잘 모르겠나이다."

신이 이르기를,

"또 다른 너를 알려는 그 순간부터 이미 교감이 시작되었느니 네 생각이 마치 오뎅의 생각하는 사람 같도다. 껄껄껄.

돌이켜보면 사람이란 누구나 참모습으로 왔다가 거짓 모습으로 사나니, 참모습이 곧 너의 정체성이니 그리되리라. 깨닫고 나니 과거는 올 수 없고 현실은 외면하지만 미래는 너를 반기리라."

사람이 질문하기를,

"오뎅이 아니라 로뎅이 아니온지요?"

신이 이르기를,

"오타다, 이놈아! 오뎅 하나도 안 사주면서 질문만 하느냐? 염치 없는 놈 같으니라구!"

사람이 질문하기를,

(크크크) "신이시여, 저랑 같이 야식집에 가시겠는지요?"

(오뎅이 있을라나?)

신이 말씀하시기를,

"됐다, 이놈아! 네가 배불리 먹으면 나도 배가 부르느니라. 헐헐헐."

사람이 질문하기를,

"신이시여, 신답지 않게 농담도 하시고 근엄하지도 않은 것 같고 신비스럽지도 않으시고 말씀 중에 말이 되는 것도 같기도 하고 안 되는 것 같기도 하고 도대체 지금 저와 함께하는 신은 어떤 신이옵니까?"

신이 이르기를,

"나는 그 어떤 기록에도 없는 신이니라. 나는 이름도 따로 없고 모습도 따로 없느니라. 네 안에 내 이름을 따로 지어 부른다면 그 이름이 곧 내 이름이니 닉네임마저도 아무렇게나 짓지 말지니라. 이치가 이러하니 함부로 이름을 개명하지 말 것이며 자주 바꾸어서도 안 되느니라.

나는 이 세상에 존재하는 모든 종교 안에 있는 신이 아니니라. 행여 그들 중 생령의 내면에 존재하는 신이 있는 것을 아는 자가 있을지나 나의 존재는 그들이 아는 존재가 아니라 오행으로 이루어진 신이니라.

나의 존재는 작은 점으로 시작되어 흑암과 같이 있었고 빛과 함께 드러나니 곧 나의 모습은 너의 모습과 같고 너의 목소리와 같고 너의 생각과 같으니라. 나의 존재는 흑암으로부터 이 세상을 창조한 그 과정과 시공의 결과가 곧 나이며 네 마음의 속도와 함께 우주 팽창의 속도가 곧 나이니라.

나는 오직 너만을 위하여 존재하는 신이니라. 모든 개인에게 개인마다 그들의 존재감을 위하여 나는 존재하느니라. 그러므로 나는 만인을 위한 신이 아니라 오직 개인을 위한 신이니라. 태어남도 죽음도 대신해 줄 수 없는 혼자이듯 나 또한 너만을 위한 신이니라.

 나는 한량없이 분신(分身)하여 그들의 내면에 안착하느니라. 신의 존재가 오직 하나라고 생각지 말라. 너 사람아, 네가 구사하는 상상력으로 네 안에 나의 능력을 깨워 끊임없이 진화하고 실현되리라. 사람의 지식과 의식으로만 과학이 발달하고 진화하는 것이 아니라 내 능력으로 실현됨을 알지니라.

 거의 모든 것에 대하여 네 안에 내가 힌트를 주고 우연한 발견을 주고 공식을 주고 지혜와 지식을 주어 탄생하느니라. 그러므로 정녕 너를 아끼고 사랑하는 네 안에 또 다른 너를 믿고 의지하여라. 또 다른 너는 곧 나이니라. 내가 고서나 성경 기록 등을 인용 응용 비유하는 것은 네 생각과 아는 만큼의 나의 표현이니 각자가 자기 안의 신의 표현은 만별로 표현되느니라.

 그러므로 그 신만이 너에게 유일한 신이니라."

1-3-4. 신이시여, 신께서는 정녕 전지전능하신지요?

사람이 질문한다.
"신께서는 정녕 전지전능하신지요?"
신이 이르기를,

"흑암에서 음양이 분리되고 5원소가 생겨난 전부터 나는 너를 지었고 네 안에 내가 있으되 너와 내가 교감의 정도에 따라서 내 운력의 강도는 너에게 미치느니라. 나는 언제나 어디서든 네가 나에게 명령하면 나는 그대로 이루어주느니라.

기록에 의하듯 '신의 어리석음이 사람보다 낫고 신의 약함이 사람보다 강하니라.' 그러므로 내 크기는 한량없고 내 사랑은 가이 없으며 내 힘과 능력은 무량대수(無量大水)와 같은지라. 네가 동그라미를 그려놓고 채워지기를 원하면 채워줄 것이며 세모를 그려놓아도 채워줄 것이며 어떤 모양이든 네가 원하는 대로 채워줄 것이니라. 네 안에 나는 오직 너를 위해서만 존재하느니라."

사람이 질문하기를,
"신이시여, 저는 어떻게 살아야 하나이까?"
신이 이르기를,
"그걸 왜 나한테 물어보느냐? 네가 알아서 살면 될 일이니라."

사람이 속으로 구시렁거린다.
"뭐래? 조금 전만 해도 근엄하시더니 진짜 신이 맞아?"
신이 말한다.
"왜 떠냐? 바른생활 교과서처럼 살라고 할까?
십계명을 지키며 살라고 할까?
아니면 노자의 도덕경처럼 살라고 할까?
그도 아니면 중생구제를 위해서 도나 닦으면서 살라고 할까?

알아서 살거라. 헐헐헐."

사람이 투덜거리며 말한다.
"신이시여, 저는 이딴 글 별로이고 저도 부자로 살고 싶나이다."
신이 나지막이 셈을 한다.
"너 사람아, 네 나이 몇이더냐? 58년 개띠면? 아무튼 잘 살고 못 살고 그게 뭐가 중요하더냐? 맘 편히 건강하면 그게 제일이지. 흠 흠."

사람이 킥킥거리며 속으로 말한다.
'신이 내 나이도 계산 못 하네?'
신이 이르기를,
"네가 계산에 약하니 나도 약한 거다, 이놈아!"

사람이 속으로 찔끔한다.
'이크, 속으로 생각하는 것도 다 알아들으시네?'
사람이 푸념을 한다.
"신이시여, 암튼 저는 잘 먹고 잘살고 싶나이다."

신이 이르기를,
"한때는 그래도 회사도 경영하면서 잘 먹고 잘살지 않았느냐? 네가 쫄딱 망하지 않고 부자로 살았으면 지금 이 글을 쓰고 있겠느냐?"

"사람이 투정어린 어투로,

"글세, 이딴 글보다는 잘먹고 잘살고 싶다니까요? 자식들에게 도와줄 것이 없으니 면도 안 서고 가난하다고 무시당하고 독거노인 신세가 스스로 가련합니다."

신이 이르기를,

"너 사람아, 나를 등장시키고 문헌이나 고서 등 성경 기록을 인용, 응용하고 오행과 연출 도자기가 어쩌고 하는 것은 돈벌이를 위한 기록이 아니더냐?"

사람이 움찔하며 퉁명스럽게 말하기를,

"신이시여, 어찌 그리만 생각하나이까? 일 획 일 점이라도 세인들이 몰랐던 부분이 있어서 공감대를 나누는 글이 되기를 바라며 이 글을 쓰고 있나이다."

신이 이르기를,

"너 사람아, 이 세상 모든 사람은 너보다 낫지 않은 사람이 없느니라."

사람이 발끈하며 말하기를,

"그럼 글을 중단할까요?"

신이 너스레를 떨 듯,

"발끈하기는, 겸손하라는 말이니라. 영혼의 가장 큰 슬픔은 자신 외 또 다른 자신을 알지 못하고 죽는 것이니라. 수많은 과정과 차원을 거쳐 사람으로 임하여 깨달음 없는 죽음은 죽음의 가치가 상실

되니 허망하니라.

    삶의 목적은 육신의 안녕도 소중하지만 궁극적인 목적은 영혼의 깨달음이니라. 그러기에 생로병사 즉, 태어났으니 죽어야 하는 이치는 곧 고급 영으로 거듭나야 하는 여정이며 과정이니라."

사람이 질문한다.
"신이시여, 저는 어떤 사람이나이까?"
신이 이르기를,
"너 사람아, 안빈낙도(安貧樂道)하겠느냐? 어슬픈 깨달음으로 생산성 없는 삶은 옳지 않으니라. 너는 복 없고 미련한 자이니라. 세인들과 함께 그들의 대화와 행동에 어울리려고 노력하며 가난한 삶에 무시 받으면서 살고 있느니라.

    춘매추국이 각시분(春梅秋菊이 各時分)이라, 봄에 피는 매화꽃과 가을에 피는 국화꽃은 각기 때가 되면 자태를 만발하듯이 너의 운기도 때가 되면 구름 위에 뜬 돈이 하강하리라."

사람이 질문하기를,
"신이시여, 왜 하필 저 같은 부족하고 못난 사람과 대화를 하고 있나이까?"
신이 이르기를,
"그러나 너로 말미암아 지식있는 자들을 놀라게 하리라. 이는 기록 가운데 '세상에 미련한 것들을 택하사 지혜있는 자들을 부끄럽게 하려 하시고'와 같은 맥락이니 미련한 자들이 너와 함께 새로운 울타리를 굳건히 하리라.

  너는 나를 알고 나는 너를 아나니 무지몽매(無知蒙昧)한 자들을 위하여 분연히 살거니와 그러나 너의 말에 귀 기울이지 아니하는 사람을 굳이 설득하려 애쓰지 말지니라.

  세월사 과거를 돌이켜보며 후회하는 자는 개전의 정이 엿보이는 자이요, 그땐 그럴 수밖에 없었노라고 하는 자는 현재와 미래에도 그럴 수밖에 없는 삶을 사는 어리석은 자이며 깨닫고 반성하고 개선하려는 자는 현명한 자이니라.

  그러므로 그런 모든 과정들이 밑거름이 되어 너의 나래를 굳건히 할 것이며 너는 모든 생령들이 망각하고 있는 그 일을 차원을 달리 하더라도 기억할 수 있도록 소임을 다할 것이니라.

  나와 교감을 이루는 시간대와 그렇지 않은 시간대의 행동반경이 다를지니 교감을 하지 않는 시간대는 여늬 사람들처럼 평범한 사람으로 생애할지니 너의 겉모습과 일상생활만을 보고 너를 평가하는 자는 어리석고 무지한 자이요 너를 대할 때 자신보다 나은 사람으로 대하는 자는 현명한 자이니라.

  앞서 말한 바와 같이 너 또 한 타인을 대할 때 너보다 나은 사람으로 대하면 더욱더 덕과 겸손이 가미되고 나와의 교감도 격상하느니라."

사람이 질문한다.

  "신이시여, 세상에는 어리석고 무지하고 혹은 파렴치하고 흉포(凶暴)한 자들이 많은데 어찌 그들을 저보다 나은 사람으로 생각하고 대하라 하시나이까?"

신이 이르기를,

"너 사람아, 그렇다고 하여도 그들에게도 그들 내면에 내가 존재하나니 그들이 스스로 나를 알지 못하는 것을 가엽게 여기고 그들 안에 나를 대하라는 것이니라.

너 사람아, 기록 중에 '원수를 사랑하라' 하지 않았더냐?

진정 '원수를 사랑하라' 하는 뜻은 그들의 악한 행동이나 외면을 사랑하라는 뜻이 아니니라. 곧 그들의 내면에 있는 나를 사랑하라는 뜻이니 이치가 그러하니라."

사람이 질문하기를,

"신이시여, 저들이 흉포하고 광기 어린 생각으로 저나 타인에게 해를 가한다면 어찌하오리까?"

신이 이르기를,

"참을 인이 세 번이나 '되로 주고 말로 받는다'의 속담처럼 그들에게 되만큼 피해를 입었으면 말로 응징하되 그들을 엄하게 벌하여야 하겠으나 그들의 영혼을 가엽게 여기는 것은 그들 내면에 있는, 곧 나를 경배함이니 이치가 그러하다는 말이니라.

그러므로 그러나 그들은 사후세계 반드시 응징받을 것이며 그들의 내면에 있는 나를 알고 그들을 대하는 너는 비록 그들로 인해 피해를 입었다고 하더라도 우주 만물의 법칙 중 보상법칙이 작용하느니라. 이는 네 안에 내가 있음을 인정하는 순간부터 인간 세상 보험과도 같은 효력이 발생하게 되느니라."

사람이 질문하기를,

"신이시여, 지금까지 말씀하신 내용이 진리 중 한 대목을 이룰 수 있나이까?"

신이 이르기를,

"너 사람아, 이 세상 생령은 각자 정신 세계관이 다르나니, 이 책이 세상에 임하여도 공감대를 이루는 사람은 정해져 있나니 그 외의 사람들에게 진정이라고 말하지 말지니라. 따르는 자 반기고 관심 없는 자 굳이 설득하지 말지니라.

이 세상 거의 모든 생령들이 샤머니즘에서 〈산신고(山神苦)〉에 매인 것과 같이 그들의 삶의 작태가 궁극에는 아래와 같은 삶이 되느니라.

'……산천경개 명랑할제 슬피 우는 두견새는 님과 같이 슬피 울고 위중추야 등녀성은 슬프고 슬프도다. 누굴 믿고 의지할꼬 중천에 바람일세……'(산신 고풀이)

"어찌 이 책의 수록만이 진실이고 진리라고 하겠느냐? 수많은 생령이 각자 현세와 미래를 위하여 정진하나니 벽을 보고 수도 정진하거나 막대기 하나 놓고 기도의 대상물로 삼거나 삶 그 자체가 곧 수도정진이고 기도이니 주어진 삶에 충실하여라.

보이는 것과 보이지 않는 미적분의 원리는 곧 또 다른 너이고 나이니, 이 책에 수록된 내용은 속히 깨달음과 삶의 질을 높이는 방편이 되느니라. 그러므로 새로운 움집으로 강성한 조직을 이룰지니라."

사람이 생각한다.

(속으로) '뭐지? 이 책이 꼭 무슨 신흥종교 같은 느낌? 에이 설마……. 그런데 지금까지의 대화를 책으로 엮어야 말아야 하나 고민되네? 쩝.'

신이 이르기를,

"뭐라고 구시렁거리느냐? 너 사람아, 네 안에 또 다른 너와 대화를 한 내용이니 무엇이 문제겠느냐? 세상에 새로운 패러다임이 임하게 하면 그 보상이 있을지니 염려 말지니라. 네가 개떡같이 글을 기록하여도 새로운 패러다임을 갈망하는 생령은 찰떡같이 이해하고 알아듣느니라. 껄껄껄."

사람이 움찔한다.

"신이시여, 그러하나이까?"

1-3-5. 신이시여, 제가 가난한 사람이라 돈이 당장 필요하나이다. 어찌하면 되오리까?

사람이 간청하기를,

"신이시여, 제가 가난한 사람이라 돈이 당장 필요하나이다."

신이 이르기를,

"네 앞에 놓인 돌을 금덩어리로 만들어 주랴? 이미 생겨난 삼라만상은 그 시간과 과정이 있었나니 돌을 금덩어리로 만들어 달라면 만들어 줄 것이나 시간과 생성 과정이 필요하니 네 생애에는 불가하니라.

신은, 나의 존재는 조화와 질서에 의하여 이루나니 내가 만든 우주 만물의 법도와 법칙을 내 스스로 어길 수 없느니라. 너 사람아, 각자 외계에서 온 고향의 별이 다르고 거리가 다르고 기운이 다르나니 너의 갈망이 네가 온 곳까지 도달하기까지 온갖 사악한 기운이 방해하나니 종극에는 도달하지 못하는 형국이 많으니라.

네가 온 외계에 네 마음의 정보가 도달한 후 다시 내게 오나니 수많은 세월이 걸릴 수 있나니 이것이 태초에 천지창조 때부터 만들어진 우주 만물의 법칙 중 하나이니라. 그러므로 너와 가까운 곳에 연출 된 매개체를 준비하거라 그리하면 나와의 소통이 빠르고 명확하니라."

사람이 겸허한 자세로 말한다.

"신이시여, 그러하나이까? 저는 신은 능치 못함이 없으므로 시공을 초월하여 무엇이든 이루어내는 줄로만 알았나이다. 지금까지 말씀해주신 내용에 대하여 아직도 잘 모르겠으나 사는 날까지 고급영이 되기 위한 노력을 아끼지 않겠나이다."

신이 사람에게 묻는다.

"질문 다 끝났느냐?"

사람이 답한다.

"네? 아~네."

신이 요구한다.

"그럼 답을 줬으니 돈을 다오"

사람이 어리둥절해하며,

"네?"

신이 말한다.

"아니 너 사람아, 두서없이 질문하는 내용을 내가 모두 답을 주지 않았느냐? 대가를 지불해야지?"

사람이 머리를 긁적이며 말한다.

"아~네. 제가 지금은 돈이 없구요. 지금까지 하신 말씀을 세인들이 인정하여 돈벌이가 되면 그때 드리겠사옵니다."

신이 사람을 째려보며 장난끼 서린 어투로 말씀하신다.

"돈벌이? 이놈 보게. 나를 돈벌이 수단으로 삼겠다네?

(잠시 생각 후) 좋다 내 기다리마. 헐헐헐."

"사람이 키득거리며,

(속으로 말한다.) '감기 걸리셨나 봐. 웃음소리가 여엉~~헐헐헐이 뭐야? 신도 감기가 걸리나벼. 크크크.'

신이 목쉰 소리로,

"이놈아, 하도 질문을 많이 해서 목이 쉬었다. 어쩔래?"

사람이 넙죽하며,

"아이고! 죄송하고 감사하나이다."

신이 다시 근엄한 목소리로 이르기를,

"너희 스스로 인간사 오랜 시간 환경의 변화에 적응하고 진화하면서 모든 면에서 지대한 발전과 과학을 이루고 살게 될 거라고는 나도 미처 몰랐느니라. 그저 언제까지나 내가 보호하고 보살펴야 하는 품 안의 자식인 줄로만 알았느니라.

너희는 앞으로 더욱더 강성하고 발전할 것이며 과거와 현재와 미래를 연결하는 삼위일체를 이룰 것이며, 이 넓고 광활한, 내가 만든 공간에서 너희는 나와 같은 능력으로 이 우주를 지배하리라."

사람이 경건한 마음으로 신에게 경배한다.

"우주 만물의 법도와 법칙이 존재하기에 신의 무한한 지혜를 알았고 삶의 여정에 힘들고 괴로움이 있어도 신을 원망할 수 없음을 알았고 기도의 응답도 때가 있음을 알았고 악을 무조건 미워하고 퇴치하는 대상이 아님을 알았고 사람의 마음이 뜻대로 생각대로 되지 않는 이치를 알았나이다.

신과의 대화를 자주 읽음으로 인하여 더욱더 곤고하게 하여 깨달음에 정진하며 삶에 충실하겠나이다."

사람이 기도한다.

"이 세상을 창조하신 신의 노고에 감사합니다.

오직 나만을 위하여 존재하는 세포들의 노고에 감사합니다.

오행의 원리로 내 육신이 창조되고 영혼이 고급 영으로 거듭날 수 있도록 깨달음을 주셔서 감사합니다."

사람이 말한다.
신이시여! 기록 중 성경 창세기를 보면 아담과 하와는 부끄러움도 모르고 삶의 의미도 모르는, 마치 신의 실험용이나 애완용처럼 보호라는 틀에서 살다가 뱀을 은유하여 꼬임에 빠져 선악과를 따먹고 이성에 눈을 뜬 것으로 기록되어 있나이다.

그 후 신들은 "사람이 우리와 같이 되었으니" 생명과도 먹고 영생할까 염려한 나머지 에덴동산에서 쫓아내고 원죄를 씌워서 죽도록 고생하고 생로병사에 의하여 사망케 한다는 프로그램을 저면에 깔아 놓았나이다.

제 생각을 정리해 표현하오면 '우리'라는 기록에 의하듯 신들 중 사람을 지극히 사랑한 신이 있었고 그 신이 외계인이든 진화에 의한 과정의 시간대이든 사람을 사람답게 만들기 위해서 은유적 표현이지만 선악과와 생명과를 에덴동산에 심어놓고 따먹게 하였나이다.

그러나 성경적 해석을 보면 그 신은 생명과까지 따먹게 하지 못하고 다른 신들의 반대에 부딪쳐 결국 사람은 반인반신이 되어 스스로의 정체성을 찾게끔 삶의 육신을 시간적으로 제한시켜서 번성케 하였나이다. 지구상에 존재하는 거의 모든 생명체들은 이 육신의 행동반경에 묶이게 되었으나 나는 부끄러움도 모르고 삶의 의미도 모르는 채 영생을 하나니 이성에 눈을 뜬, 비록 생에 희로애락과 우수사려가 함께 하지만 사망의 숙명을 지닌 내 삶이 좋고 어떤 환경에 처하든 그래도 살아볼 만한 나의 존재를 있게 해주신 신에게 감사하오며 지금까지 저의 질문에 응해주신 님께서 오직 저만을 위하여 존재하는 신의 존재임을 믿나이다.

오행중 불 화(火)를 옮겨서 오행의 상생 원리를 변화시키듯이 언젠가는 돌아가는 불칼을 거두어내고 생명과를 취하는 날이 올 것을 믿사오며 나아가 **육신을 이탈한 영혼이 소멸하지 않고 영생을 위하여 온전한 신의 반열에 들어서는 것이 현재 인류의 과제임을 알았나이다.**

신이 화답한다.
"태양계를 탈출하기 위하여는 고급 영(거룩한)으로 거듭나야 하며 탈출경로는 다음과 같으니라.

[木, 土, 金, 火, 水]=[水, 火, 金, 土, 木]의 순서를 숙지해야 하느니라.

이 오행 안에는 탈출 경로와 천지창조의 원리가 내포되어 있느니라.

탈출 경로에 존재하는 방해꾼을 제거하기 위하여는 다음과 같은 주문을 숙지해야 하느니라.

주문(무량대수, 無量大水)

명산대천 신명들을 한자리에 모셔놓고
바로그대 가납하고 내가운을 띄웠노라
저어멀리 은하건너 우리갈길 잊었는가
인간세상 적막강산 영혼마저 적막할까

그리하면 샛별 루시퍼의 간섭으로부터 자유로울 것이니라."

사람이 감사한다.
"오직 나만을 위한 신이시여 머리카락으로 신을 삼아도 님의 은공을 다 갚지 못하니 영원히 제 곁에 머물며 지켜주심에 감사합니다."

제2부

붓은 칼보다 강하고
도자기는 붓보다 강하다

2-1
붓은 칼보다 강하고 도자기는 붓보다 강하다.

2-1-1. 사람과 도자기의 불가분의 관계 :
붓은 칼보다 강하고 도자기는 붓보다 강하다.

운기 발현을 위한 연출된 도자기는 히란야(Hiranya) 파워보다 강하고 삼각형 파워보다 더 강하다.

산업혁명 건설현대화로 산천의 수맥이 단절되고 풍수지리가 제 역할을 못하는 현시대에서 오행학에 의한 연출 도자기는 조직의 운과 개인의 운을 격상시킬 수 있다. 우리 사람이 살아가면서 피할 수 없는, 이미 결과가 정해져 있음을 숙명이라고 할 때 운명이란 본능과 태성과 학식과 환경을 넘은 초자연적 현상에 의한 변동수를 말한다.

도자기는 수천 년 동안 사람과 밀접한 관계에 있으며 사람은 죽음의 숙명을 타고나며 도자기는 파손의 숙명을 타고난다. 사람은 죽어서 흙으로 돌아가고 도자기는 흙으로부터 시작된다. 이 불가분의 관계에 의한 인연은 사람의 운명을 간섭할 수 있는 운력이 일어날 수 있다.

메갤법칙과 유사하게 표현하면 사람과 도자기는 같은 곳으로부터 시작되어 동질성을 가지고 있으며 다시 분리된 후 탄생하여 다시 사람과 도자기가 상호 교류 관계를 가지면서 보이지 않는 형이상학과 보이는 형이하학으로 기를 생산해내는 과정을 일컬을 수 있다.

종교는 경전이나 교리서 또는 대상물이 있어야 하고 위로는 신이나 성인이 존재하여야 하며 아래로는 믿고 따르는 자들이 있어야 한다. 만생 만물은 존재하는 이치와 법칙과 공식이 있어야 하고 삼라만상 위로는 흑암이 있어야 하고 아래로는 빛이 있어야 한다. 사람은, 생령은 육체의 구성을 위한 수 많은 세포가 존재하여야 하며 위로는 의식과 아래로는 잠재의식이 있어야 한다.

재물보다 소중한 것은 육신의 건강이고 육신의 건강보다 소중한 것은 영혼의 건강이며 영혼의 건강은 내세의 선택권이다. 잠재의식에 의하여 의식하지 않아도 심장은 뛰고 신진대사는 끊임없이 할 일을 한다. 도자기 연출법은 의식과 잠재의식, 현실과 영의 세계를 연결하는 교두보이다. **그러므로 신은 자신의 내면에 있는 또 다른 자신이며 교리서는 오행의 원리이며 대상물은 연출 도자기이다.**

우주는 탄생 이래 끊임없이 팽창에 의하여 재창조되고 있으며 새로운 세상을 만들어내고 있다. 우주의 팽창이 멈추면 축소만이 남고 결국은 창조 이전 태극으로 되돌아갈 것이다. 온 우주를 통틀어 계와 계마다 그 모양이 다르고 도자기의 모습은 우주의 모습을 연상케 하는 수많은 도안과 기형을 지녔다.

음양오행으로 이루어진 우주는 전자이며 집적체이다. 오행이 깃든 도자기 연출은 영동력이며 불가사의한 이적(異蹟) 현상을 보일 수 있다. 도자기는 신과 인간관계의 소통의 산물이며 시대별 그 뜻과 의미가 다양하며 실사용 용도를 넘어 예술적 표현이 무릉도원(武陵桃源)으로 미감(美感)으로 탄생 된다. 그러므로 사람과 도자기의 관계는 보이지 않는 기운과 보이는 기운을 연결하는 미적분의 운력이 가장 적합한 장점을 가지고 있다,

수천 년 세월 석기, 토기의 기원과 함께 도자기는 사람과의 관계를 유지하며 오늘에 이르렀으며 사람과 도자기는 밀접한 관계에 놓여있는 불가분의 관계이다. 도자기에는 그 시대적 배경과 문화와 염원과 풍수지리와 영적인 세상이 그려져 있다. 이는 흙과 사람과 불에 의한 삼위일체의 혼이라고도 표현할 수 있다. 도자기에는 추억을 쌓고 이상이 서려 있으며 자신이 갈망하고 추구하고자 하였던 오로라와 기형과 함께 우주의 비밀이 그려져 있다.

　그러므로 **도자기의 과거는 골동품이며 현재는 공예품이며 미래는 오행학에 의한 연출이다.** 도자기의 운기는 소중함을 아는 사람에게만 느껴지며 그 기운은 행복을 줄 것이다.

　하늘에 해를 보고 천지 광명이 있음을 알고 하늘에 달을 보고 기 조력이 있음을 알고 하늘에 별을 보고 내가 나아갈 방향을 알게 되니 이를 도자기에 염원을 담고 봉하여 먼 여정의 안녕을 기약하게 될 것이다.

　도자기는 예술적인 품격을 갖추었을뿐만 아니라 현세와 내세를 연결하는 매개체로서 손색이 없으며 글을 이어 나가는 각 페이지에서 좀 더 구체적으로 이해를 구하려고 한다.

2-1-2. 오행 [火]-붉은색의 운기 발현

　　도자기를 연출하여 교두보로 삼아 마음으로 사랑하고 그 예술의 가치를 보듬으면 육신과 마음과 도자기의 삼위일체가 되어 긍정적 기운이 도자기로부터 동할 수 있으며 도자기에서 알 수 없는 기가 발생하고 도파민으로 이어질 수 있고 행복지수가 높아질 수 있다.

　　이를 오행의 원소로 표시하면 사람은 흙으로부터 왔고 물의 성분과 구성되어 육신을 이루며 도자기는 흙으로부터 와서 불을 만나 무기물로 탄생하므로 도자기에는 불(화기)의 성분이 내제 되어 있다.

　　'책을 내며'에서 언급하였듯이 운기 발현 도자기 연출법은 시대 변천에 의하여 부적이나 표식 신표 등으로 활용 이적용(異蹟用)을 위한 징표용으로 대체하는 새로운 패러다임이다.

　　사람과 신을 연결하는 데는 매개체가 필요하다. 여기서는 도자기를 매개물로 정하고 도자기에 내재되어 있는 붉은 화(火)기로 무유론의 비밀에 접근하기로 하였다.

　　구구한 구시대적 역사를 거슬러 올라가면 종이나 나무에 붉은색으로 한지나 나무에 문양이나 글 등을 그려서 사귀를 퇴치하거나 호운을 불러 들이는 데 사용, 이를 부적(符籍) 등으로 활용하였으며 현재도 많은 이들에게 유통되고 있다. 부적 또는 수호신 개념의 소지품이나 소장품은 종교인이든 무신론자든 누구에게나 자신을 지켜준다는 생각으로 하나쯤은 가지고 다니거나 신봉하거나 믿음을 가진다. 그것이 과학의 산물이든 아니든 상관없이 그러한 산물은 존재하며 세인에게 선택되어 각 개인과 함께 머문다.

위 부적은 붉은색을 띄우는 경명주사나 영사등의 돌을 갈아서 참기름 등을 섞어서 작성한다. 동양 문헌을 참조하면 붉은색은 사람과 신명계와 연결 짓는 역할을 하는데 가장 적합한 색이라고 여긴 것이다. 성경에서도 이 붉은색과 연관되는 양의 붉은 피를 사용한 기록이 있다.

"그 피를 양을 먹을 집 좌우 문설주와 인방에 바르고……내가 애굽 땅을 칠 때에 그 피가 너희가 사는 집에 있어서 너희를 위하여 표적이 될지라 내가 피를 볼 때에 너희를 넘어가리니 재앙이 너희에게 내려 멸하지 아니하리라……." (출애굽기12:7-24)

물리학은 육체적 생령의 과학을 이루고 오행학은 영적 혼의 안녕을 이룬다. 그러므로 육신과 영혼이 합체된 현실에서 사망하면 육신은 과거로 돌아가고 영혼은 미래로 나아간다. 과거는 역사가 되고 현실은 역사를 만들어가며 미래는 끊임없이 팽창한다.

도자기의 연출은 마치 채색옷을 입은 듯 그 예술적 가치가 드높으며 사랑과 귀함을 이루며 자신을 보호하는 복된 의복과도 같다. 불가(佛家)에서는 채색으로 된 불상을 귀하게 여기며 이러한 현상을 성경 구절에서도 찾아볼 수 있다.

(창세기37:3)
"요셉은 노년에 얻은 아들이므로 이스라엘이 여러 아들들보다 그를 더 사랑하므로 그를 위하여 **채색옷**을 지었더니……"

연출된 도자기에 관심과 열정이 강할수록 운기 발현 실현도 강하고 빠를 수 있다. (급급여율령, 急急如律令)

2-1-3. 9와 9의 배수의 신비

저자는 약 10년 전 종교 서적을 집필하면서 9와 9의 배수에 대하여 그 신비함을 발견하였고 각 종교 문헌과 우주 만물을 연구한 기록을 토대로 기술하며 각 띠별로 도자기연출법 페이지마다 응용하여 9수의 심오한 일치성에 대한 비밀을 기록하였다. 9수의 심오한 비밀에 대하여 그 결론은 언급을 자제한다.

고대 그리스 철학자 피타코라스는 '수학은 질량의 학문으로 표현하기도 하였으며 우주만상이 있기도 하고 없기도 한 영원의 표현 방법이기도 한 것이다.'라고 하였으며 이러한 숫자의 심오한 기술법은 현세와 영세를 연결하는 근거 사료가 된다.

■ **성경 기록으로 본 9의 일치성과 비밀의 숫자**

(창세기8:13-14)

"육백일 년 첫째 달 곧 그달 초하룻날에 땅 위에서 물이 걷힌지라 노아가 방주 뚜껑을 제치고 본즉 지면에서 물이 걷혔더니 둘째 달 스무이렛날에 땅이 말랐더라."

노아의 나이 601세 때 27일에 40일간 내린 비가 걷히고 정화된 마른 땅에 첫발을 디딘 숫자가 '6010227'이다. 즉, 노아의 나이 601과 첫발을 내디딘 날 02월27일을 더한 숫자가 '6010227'이며 9의 667,803배수이다.

(요한계시록 12:5-6)

"여자가 아들을 낳으니 이는 장차 철장으로 만국을 다스릴 남자라 그 아이를 하나님 앞과 그 보좌 앞으로 올라가더라. 그 여자가 광야로 도망하매 거기서 **천이백육십일** 동안 그를 양육하기 위하여 하나님께서 예비 하신 곳이 있더라."

1,260의 숫자는 9의 140배수이다.

(요한복음 21:10-11)

"예수께서 이르시되 지금 잡은 생선을 좀 가져오라 하시니 시몬 베드로가 올라가서 그물을 육지에 끌어 올리니 가득히 찬 큰 물고기가 **백쉰세** 마리라 이같이 많으나 그물이 찢어지지 아니 하였더라."

153의 숫자는 9의 17 배수이다.

(요한계시록 13:18)

"……총명한 자는 그 짐승의 수를 세어 보라 그것은 사람의 수이니 그의 수는 육백육십육이니라."

666 숫자는 9의 74 배수이다.

(요한계시록 14:3)

"그들이 보좌 앞과 네 생물과 장로들 앞에서 새 노래를 부르니 땅에서 속량함을 받은 **십사만 사천** 밖에는 능히 노래를 배울 자가 없더라."

예수 재림 후 구원의 수 144,000 숫자는 9의 16,000 배수이다. 이렇듯 9와 관련된 심오한 신의 메시지는 성경 여기저기 기록되어 있다.

(마태복음 13:35)

"천지창조 때부터 감추어진 비밀을 드러내리라."

■ 한글 획수로 본 선지자와 종교의 이름과 문헌 등

우주의 일 년 129,600년	129,600은 한글 획수로 9의 14,400의 배수
불교에서의 미륵 출현 시기	56억7천만(5,670,000,000) 년은 9의 630,000,000의 배수
예수	(예수)는 한글 획수로 9획
불교	(불)은 한글 획수로 9획
미륵불	(미륵)은 한글 획수로 9획
힌두교	(힌두)는 한글 획수로 9획
무슬림	(무슬림)은 한글 획수로 18획수로 9의 2배수
증산도	(증산)은 한글 획수로 9획

■ 글자 수와 도력

천부경 : 81자(하늘의 일이 곧 사람의 일임을 강조한 글자의 수) 9의 9배수
삼국유사 : 189(있음을 시작하는 기수 1과 음수의 기수 음수의 끝 8과 기수 양수의 끝 9수로 되어 있다) 9의 21배수
달마가 동쪽으로 간 까닭은? : 9년간 벽을 보고 수도 정진한 달마 9의 수
불교에서의 108배 : 108배는 9의 12배수
중국에서의 18나한 : 18나한은 9의 2배수
불교에서 귀신을 퇴치하는 금강경 : 경을 제외한 금강은 9획

수의 신비는 오행의 원소에 내재 되어 있으며 자연수 9수의 일치성을 아래와 같이 표시한다.

유지관리에 나타나는 방수(方數)	木(3,8)	火(2,7)	土(5,10)	金(4,9)	水(1,6)
천지창조에 나타나는 방수(方數)	水(1,6)	火(2,7)	金(4,9)	土(5,10)	木(3,8)

■ 무슬림이 되기 위한 다섯 가지 행동

(이슬람교) 즉, 무슬림이 되기 위해서 오행(다섯 가지 행동)이 있는데 그 중 하루에 다섯 번을 기도하여야 하며 이슬람 달력으로 9월에 금식을 하는 행동이다.

오행사상으로 연출된 영혼의 소리 도자기 연출이 교두보가 되어 복잡한 기도법을 행하지 않고 육시 오행을 실천하는 효과를 볼 수 있었으면 하는 바램이다.

2-1-4. 동양오행과 천지창조 오행의 이해

동양 오행은 상생상극의 원소적 표시로 나열되어 있으며 서로 밀착하고 혹은 밀어내며 삼라만상을 유지관리하고 있음을 나타내고 있다.

동양오행(東洋五行)상생나열	木	火	土	金	水
相生(상생)	木生火(목생화)	火生土(화생토)	土生金(토생금)	金生水(금생수)	水生木(수생목)
相剋(상극)	金剋木(금극목)	木剋土(목극토)	土剋水(토극수)	水剋火(수극화)	火剋金(화극금)

(木) : 나무가 타면 불이 되고,

(火) : 불이 꺼지면 재가 남고,

(土) : 재는 흙이 되며,

(金) : 흙이 단단해져 광물과 돌이 되고,

(水) : 금에서 물이 일어남의 이해는 지구에는 물이 없었는데 우주에서 광물(돌,운석)에 물의 성분이 함유되어 지구에 유입되었고 지구생성과 함께 물이 존재하게 되었으므로 금에서 물이 생함을 상생원리의 원소적 표시로 정하였다.

천지창조오행은 천지창조의 원리로 나열되어 있으며, 부활과 영생의 태초에 감추어진 원소로 증거가 표시된다.

천지창조 오행 순서는(성경신약) 예수가 십자가를 지고 골고다 형장에서 숨을 거둘 때까지의 다섯 단계 과정에서 일어났다.

| 천지창조 오행 나열 | 木(목) 土(토) 金(금) 火(화) 水(수) =
水(수) 火(화) 金(금) 土(토) 木(목) |

(木) : 십자가는 나무로 만들었으니 나무[목]에 해당함이요

(土) : 예수의 몸은 흙에서 왔으니 흙[토]에 해당함이요

(金) : 예수의 손과 발에 못이 박히니 못은 쇠[금]에 해당함이요

(火) : 못이 박히자 붉은피가 흘러나오니 피는 불[화]에 해당함이요

(水) : 마지막으로 예수의 눈에서 눈물이 흐르니 눈물은 물[수]에 해당한다.

(저자 오행 중에서)

이로써 다섯 단계의 오행을 이루고 예수는 **'다 이루었다'** 하시고 숨을 거두었다.

천지창조의 원리와 육신의 생로병사, 영혼의 부활과 영생이 모두 오행의 원소에 내포되어 있으며 이러한 형이상학과 하학의 연결성을 구하는 방법 중에서 본 저자는 도자기를 교두보로 삼았으며 오행의 원리로 연출한 도자기에 내재되어 있다.

위의 천지창조 오행의 상생 원리는 본 저자가 성경을 탐구하던 중 느낀 대로 기술한 내용으로서 성경 교리나 개념, 구절 해석과는 무관하다.

2-1-5. 오행에 의한 삼라만상 유지관리와 천지창조 사상의 표시

동양오행(東洋五行)삼라만상 유지관리의 원리	木	火	土	金	水
천간(天干)	갑(甲)을(乙)	병(丙)정(丁)	무(戊)기(己)	경(庚)신(辛)	임(壬)계(癸)
십이지지(十二支地)	(寅)범 (卯)토끼	(午)말 (巳)뱀	(辰)용(戊)개 (丑)소 (未)양	(申)원숭이 (酉)닭	(子)쥐 (亥)돼지
음양(陰陽)	양(陽) 음(陰)	양(陽) 음(陰)	양(陽) 음(陰)	양(陽) 음(陰)	양(陽) 음(陰)
방수(方數)	3.8木	2.7火	5.10土	4.9金	1.6水
9수영합 (靈合)배치	3木6水	2火7火	5土4金	10(0)土9金	8木1水
삼합(三合)	범말개(寅午戌) 木火土	뱀닭소(巳酉丑) 火金土	삼합은 오행상생과 운행을 달리한다.	원숭이 쥐 용 (申子辰)金水土	돼지 토끼 양 (亥卯未)水木土
색상(色相)	청색(靑)	적색(赤)	황색(黃)	백색(白)	흑색(黑)
서양오행(西洋五行)천지창조와 부활의 원리	水	火	金	土	木
9번수 (變數)	6010227 노아가 방주에서 나온날(出方舟)	1260 예비일 (豫備日)	153마리 (生鮮)	144000명 노래하는 사람 (歌人)	666짐승의 수(獸數)
천지인 (天地人)	하늘(天)	영혼(靈魂)	천사(天使)	땅(地)	사람(人)
5원소창조 (元素創造)	흑암(黑暗)	빅뱅(爆發)	생성(生成)	삼라만상 (森羅萬象)	생명(生命)
12그루 생명나무 (生命樹)	두루마리 (卷紙)	열매(實) 알파오메가	영생(永生)무의 시(無意識)	불칼(火刀) 도전(挑戰)	무위이화 (無爲而化)
서양오행발현 (西洋五行發現)	십자가 (十字架)	육신 (六身)	쇠못 (鐵釘)	붉은피 (血液)	눈물 (淚)
무지개표징 (紅標徵)	보, 흑(黑)	빨, 적(赤)	백(白)	주노, 황(黃)	초파남청(靑)
믿음의결과 (盡信結果)	노고(勞苦)	병사(兵事)	감사(感謝)	자아(自我)	실현(實現)
출애굽(出埃及) 표식, 구원 (表式, 救援)	어린양 (羊)	양의 피 (血液)	문설주 (門楔柱)	문인방 (門引枋)	우슬초 (右藤草)

2-1-6. 12지지에 의한
각 띠별 삼합 도자기 연출법

    삼합이라고 함은, 사주에 삼합이 나란히 있으면 '총알이 빗발치는 전쟁터에서도 총알이 비켜간다.'는 문헌이 존재할 정도로 강력한 운기를 발동시키는 동양학 연구 역사의 사주추명학 공식 중 하나의 방정식으로써 삼합의 순서가 바뀌면 안 된다.

    사주가 아무리 좋아도 환경을 이기지 못한다.
    즉 사주보다 환경이 우선한다는 말이다.
    똑같은 사주를 타고 나는 사람은 전 세계적으로 많다.
    그러므로 어떤 환경에서 태어나고 살아가는지에 따라서 삶의 여정은 달라진다.

    여기서는 사주(년월일시)를 놓고 한 사람의 운명을 점치는 따위의 점술을 주장하지 않으며 다만, 사주가 지닌 10천간과 12지지에 의한 공식과 60갑자진법의 방정식에 의한 학문을 근거로하여 풍수적인 각 개인의 운기를 호운으로 변화시키는 데 그 목적이 있다.

    연출은 좌측에서부터 우측으로 연출한다.
    여기서 삼합의 진정한 의미는 내 육신을 구성하는 수많은 세포들은 거대한 조직이며 천군만마(千軍萬馬)로 그 의미를 일축할 수 있다.

그들은 끊임없이 나를 위하여 에너지를 생성하여 이동하며 병(바이러스)과 싸우며 목숨을 걸고 노고를 아끼지 않는다. 이 세포들의 강력한 힘이 있을 때 운기 복덕도 발현된다. 언제나 언제까지나 자신의 육신만을 위하여 존재하는 그 세포들에게 감사를 나타내는 연출법인 것이다.

삼합의 구성은 다음과 같다.

인오술(寅午戌)	범, 말, 개	木 火 土
사유축(巳酉丑)	뱀, 닭, 소	火 金 土
신자진(申子辰)	원숭이, 쥐, 용	金 水 土
해묘미(亥卯未)	돼지, 토끼, 양	水 木 土

지면상 일부만 이미지 예를 들었으며 연출법에 대한 자료는 제2부 **〈각 단색과 동물과 문양을 조합할 때의 순서〉** 편을 참고하면 된다.

각 띠별로 연출한 예를 든 이미지는 포토샵이나 전문촬영없이 폰카메라로 연출 이미지를 촬영하여 진정성을 높였다.

2-2
쥐, 용, 원숭이띠에 적합한 운기 발현 삼합 연출 도자기

2-2-1. 동물 도안편: 신자진(申子辰: 원숭이, 쥐, 용)

2-2-2. 단색 별편: 신자진(申子辰: 원숭이, 쥐, 용)

2-2-3. 동물도안과 단색편: 신자진(申子辰: 원숭이, 쥐, 용)

2-2-4. 동물과 각 문양편: 신자진(申子辰: 원숭이, 쥐, 용)

3-2-5. 단색과 각 문양편: 신자진(申子辰: 원숭이. 쥐, 용)

2-2-6. 각 문양편: 신자진(申子辰: 원숭이, 쥐, 용)

2-3
소, 뱀, 닭띠에 적합한
운기 발현 삼합 연출 도자기

2-3-1. 동물 도안편: 사유축(巳酉丑: 뱀, 닭, 소)

2-3-2. 단색 별편: 사유축(巳酉丑: 뱀, 닭, 소)

2-3-3. 동물 도안과 단색편: 사유축(巳酉丑: 뱀, 닭, 소)

2-3-4. 동물과 각 문양편: 사유축(巳酉丑: 뱀, 닭, 소)

2-3-5. 단색과 각 문양편: 사유축(巳酉丑: 뱀, 닭, 소)

2-3-6. 각 문양편: 사유축(巳酉丑: 뱀, 닭, 소)

2-4
범, 말, 개띠에 적합한 운기 발현 삼합 연출 도자기

2-4-1. 동물 도안편: 인오술(寅午戌: 범, 말, 개)

2-4-2. 단색 별편: 인오술(寅午戌: 범, 말, 개)

2-4-3. 동물 도안과 단색편: 인오술(寅午戌: 범, 말, 개)

2-4-4. 동물과 각 문양편: 인오술(寅午戌: 범, 말, 개)

2-4-5. 단색과 각 문양편: 인오술(寅午戌: 범, 말, 개)

2-4-6. 각 문양편: 인오술(寅午戌: 범, 말, 개)

2-5
토끼, 양, 돼지띠에 적합한 운기 발현 삼합 연출 도자기

2-5-1. 동물 도안편: 해묘미(亥卯未: 돼지, 토끼, 양)

2-5-2. 단색 별편: 해묘미(亥卯未: 돼지, 토끼, 양)

2-5-3. 동물 도안과 단색편: 해묘미(亥卯未: 돼지, 토끼, 양)

2-5-4. 동물과 각 문양편: 해묘미(亥卯未: 돼지, 토끼, 양)

2-5-5. 단색과 각 문양편: 해묘미(亥卯未: 돼지, 토끼, 양)

2-5-6. 각 문양편: 해묘미(亥卯未: 돼지, 토끼, 양)

2-6
숫자 9의 운기 발현과
영합 도자기 연출법

2-6-1. 9의 영합(靈合) 도자기 연출법은 천지창조의 오원소와 유지관리의 오원소가 합체되어 그 공식을 이룬다.

천지창조 오행순서	水	火	金	土	水
유지관리 오행순서	木	火	土	金	水
오온(五蘊)	受	想	色	行	識
	(수)	(상)	(색)	(행)	(식)
경개(景槪) 陶瓷	名	山	我	大	川
방위수(方數)	(명)	(산)	(나)	(대)	(천)

9의 형성 오행 방수의 방정식		
水 木	방수(方數) 1, 8	[9]
火 火	방수(方數) 2, 7	[9]
金 土	방수(方數) 4, 5	[9]
土 金	방수(方數) 10(0), 9	[9]
木 水	방수(方數) 3, 6	[9]

이 세상에는 숫자와 연결지어지지 않는 만생 만물은 존재하지 않는다. 기수 중 만수인 9의 숫자의 의미는 나의 존재가 태초에 있었던 곳 머나먼 나의 영혼의 고향, 아니 어쩌면 가까이 있을 수 있는 나의 고향, 이름도 모르고 위치도 알 수 없는 그곳을 향하여 내 영혼은 끊임없이 진화하고 적응하며 나아가려 한다.

영합의 목적은 사후세계의 절대적 안녕을 기약하기 위한 연출이다. 우리 사람은 생령으로 태어나기 전 영의 세상에 있을 때 자신이 태어나고 싶지 않았는데 태어난 것이 아니라 자신이 원하는 시간과 장소를 선택하여 태어나는 것이다. 이 현상을 자연의 섭리에 의한 무작위 또는 선택적 권리로 말할 수 있다.

그러므로 소윤회(육신으로의 윤회)와 대윤회(육신을 이탈한 영혼의 윤회)를 거칠 때 영의 세상에서 자신이 원하는 시간과 장소와 환경을 선택하여 태어나는 것이 가장 바람직하며 그러기 위해서는 살아생전 고급영이 될 수 있게끔 공부를 하여야 하며 어떻게 공부하느냐는 가시적으로 말할 수 없지만 여기서는 도자기 연출을 교두보로 삼아 영의 세계와 소통하려고 한다.

또한 신병 악귀 잡신에 시달린다고 여겨질 때 또는 귀귀의 접근을 미리 예방하고자할 때 동서양 오행사상의 표시에 의한 도자기 연출을 한 후 캐릭터를 부착하면 효과가 일어날 수 있다.

이는 곧 천지창조의 **[水 火 金 土 木]**, 삼라만상 유지관리의 **[木 火 土 金 水]**의 상생 나열이 우주 만물의 법도와 법칙을 실현하는 행위이며 휴머니즘을 곤고하게 하는 태초에 감추어진 비밀인 것이다.

사람이 죽으면 영혼 중 영(靈)은 하늘로 오르고 백(魄)은 땅에 거하니, 땅에 거하는 백은 **[水 火 金 土 木]**의 순서로 다음 차원을 기다리며 영(靈)은 차원을 이동하며 다시 혼(魂)을 불러들여 생령으로 거듭난다.

성경 구절 등 옛 고서와 문헌 등에는 9의 배수와 관련된 숫자가 존재한다. 오행 표시에 의하여 신의 가호가 충만하기를, 바라며 본 연출 도자기 조합은 천간은 **무위이화**(無爲而化, 함이 없이도 되는 이치)로 설정하고 각 오행에 준하는 12지지로만 연출 도자기 조합을 구성하였으며 특정 종교의 전유물이 아니며 만인이 공유할 수 있는 하나의 공식이다.

영합은 숫자와 자신, 자신과 도자기와의 관계를 상호 미분리 관계로 교류하고 교감하는 육적 정신적 지주의 상생 관계를 유지하는데 그 의의가 있다.

영합 연출 도자기는 **〈연출 전용 도자기나 각 띠별 적합한 도자기〉** 편을 참고하여 단색, 동물과 도안으로 연출하며 반드시 각 띠별 **오행 캐릭터**를 부착하여야 하며 지면상 일부만 예를 들어 이미지 사진을 연출하였으며 포토샵이나 전문 촬영 없이 스마트폰 카메라로 연출 이미지를 촬영하여 진정성을 높였다.

2-7
쥐띠(子)에 해당하는
9방수의 영합 도자기 연출법

방수(方數)의 연출에서 양과 음의 분리는 오행의 음양 표시에 준하지 않고 숫자에 의하여 정하였다. 즉 홀수는 양 짝수는 음이다.

水중(1)木중(8)=9=양음(陽陰)=水木=쥐(子), 토끼(卯)

2-7-1. 예: 동물과 동물 도안

2-7-2. 예: 문양과 문양

2-7-3. 예: 단색과 문양

2-7-4. 예: 단색과 단색

붓은 칼보다 강하고 도자기는 붓보다 강하다

2-8
말띠(午)에 해당하는 9방수의 영합 도자기 연출법

火중(2)火중(7)土중(10,0)=음양음(陰陽陰)=火火土=말(午), 뱀(巳), 소(丑)

2-8-1. 예: 동물과 동물 도안

2-8-2. 예: 단색과 문양

2-8-3. 예: 단색과 단색

2-8-4. 예: 단색과 단색

2-9
범띠(寅)에 해당하는
9방수의 영합 도자기 연출법

木(3)水(6)=9=양음(陽陰)=木水=범(寅), 돼지(亥)

2-9-1. 예: 동물과 동물 도안

2-9-2. 예: 문양과 문양

2-9-3. 예: 단색과 문양

2-9-4. 예: 단색과 단색

2-10
원숭이띠(申)에 해당하는 9방수의 영합 도자기 연출법

金(4)土(5)=9=음양(陰陽)=金土=원숭이(申), 용(辰) 또는 개(戌)

2-10-1. 예: 동물과 동물 도안

2-1-2. 예: 문양과 문양

2-10-3. 예: 단색과 문양

2-10-4. 예: 단색과 단색

2-11
개띠(戌)에 해당하는
9방수의 영합 도자기 연출법

土(5)金(4)=9=양음(陽陰)=土金=개(戌), 원숭이(申)

2-11-1. 예: 동물과 동물 도안

2-11-2. 예: 문양과 문양

2-11-3. 예: 단색과 문양

2-11-4. 예: 단색과 단색

2-12
용띠(辰)에 해당하는
9방수의 영합 도자기 연출법

土(5)金(4)=9=양음(陽陰)=土金=용(辰), 원숭이(申)

2-12-1. 예: 동물과 동물 도안

2-12-2. 예: 문양과 문양

2-12-3. 예: 단색과 문양

2-12-4. 예: 단색과 단색

2-13
돼지띠(亥)에 해당하는 9방수의 영합 도자기 연출법

水(6)木(3)=9=음양(陰陽)=水木=돼지(亥), 범(寅)

2-13-1. 예: 동물과 동물 도안

2-13-2. 예: 문양과 문양

2-13-3. 예: 단색과 문양

2-13-4. 예: 단색과 단색

2-14
뱀띠(巳)에 해당하는
9방수의 영합 도자기 연출법

火(7)土(10,0)火(2)=9=양음음(陽陰陰)=火土火=뱀(巳), 양(未), 말(午)

2-14-1. 예: 동물과 동물 도안

2-14-2. 예: 문양과 문양

2-14-3. 예: 단색과 문양

2-14-4. 예: 단색과 단색

2-15
토끼띠(卯)에 해당하는
9방수의 영합 도자기 연출법

木(8)水(1)=9=음양(陰陽)=木水=토끼(卯), 쥐(子)

2-15-1. 예: 동물과 동물 도안

2-15-2. 예: 문양과 문양

2-15-3. 예: 단색과 문양

2-15-4. 예: 단색과 단색

붓은 칼보다 강하고 도자기는 붓보다 강하다

2-16
닭띠(酉)에 해당하는
9방수의 영합도 자기 연출법

金(9)토10,0)=9=양음(陽陰=金土=닭(酉), 소(丑) 또는 양(未)

2-16-1. 예: 동물과 동물 도안

2-16-2. 예: 문양과 문양

2-16-3. 예: 단색과 문양

2-16-4. 예: 단색과 단색

2-17
소띠(丑)에 해당하는 9방수의 영합 도자기 연출법

土(10,0)金(9)=9=음양(陰陽)=土金=소(丑), 닭(酉)

4-17-1. 예: 동물과 동물 도안

2-17-2. 예: 문양과 문양

2-17-3. 예: 단색과 문양

2-17-4. 예: 단색과 단색

2-18
양띠(未)에 해당하는
9방수의 영합 도자기 연출법

$$土(10,0)金(9)=9=음양(陰陽)=土金=양(未), 닭(酉)$$

2-18-1. 예: 동물과 동물 도안

2-18-2. 예: 문양과 문양

2-18-3. 예: 단색과 문양

붓은 칼보다 강하고 도자기는 붓보다 강하다

2-18-4. 예: 단색과 단색

제3부

삼원 통관 연동 연계 도자기 연출법

3-1
삼원(三元) 통관
연동 연계(聯動連繫) 도자기 연출법

　환경과 사주에 대하여 제삼 언급하면 약 수십 년 전 한국에서 '같은 사주를 타고나는 신생아'의 통계를 보면 약 200명에 이른다고 하였다. 사주대로라면 똑같은 운명을 지닌 신생아는 200명인데 이들의 성장 과정과 삶의 반경은 각기 다르다. 그러므로 '어떤 환경에서 태어났는가?'가 중요하며 환경이 사주보다 우선하고 사주는 환경의 지배를 받을 수밖에 없다.

　여기서 주장하는 사주학상 통관법은 보편성의 원리를 적용 각 띠별로 그 운기를 발현하는 통관법이다. 개인의 사주에 극하는 오행을 찾아서 길신을 삽입하는 방편보다 보편성의 원리를 이용 모든 이의 공통된 환경을 도자기 연출로 개선하여 운기 발현과 함께 예술성을 격상시키는 환경개선통관연출법이다.

　삼원합의 목적은 자신 외 모든 생령과 사해동포의 안녕을 기약하는 연출법이다. 삼원 도자기는 매년 찾아오는 12지지에 따라서 매년 연출 도자기를 교체하여야 한다. 이를테면 2024년이면 갑진(甲辰)년 청용의 해이다. 아래 각 띠 연별로 기술한 자료를 보고 적합한 도자기를 연출하면 된다.

　그러나 복잡하고 번거로운 절차를 배제하고 각자 자신의 띠에 맞추어 도자기를 연출하여 상호 오행이 대립하는 관계를 상생합으로 통하는 연출법으로 매년마다 교체할 필요 없이 통관하였다.

　자신 외 거의 모든 것의 삼라만상과 연결지어진 운기 도자기 연출은 사람과 도자기의 교감을 통하여 오감으로 감지할 수 없는 영역을 건설적이고 긍정적으로 그 기류가 흐르도록 도움을 주어 영적, 정신적으로 우주와 연동된 운력을 줄 수 있음을 피력하고자 하며 삼원 도자기 연출은 자신의 운기보다는 자신 외 모든 생령의 연계된 안녕을 기약함을 목적으로 하는 중요한 연출법이다. 즉, 자신과 자신 외 의식적 무의식적으로 연계되어 있는 거의 모든 것에 대한 안녕을 도모함으로 인하여 자신도 유익해진다는 의미이다.

　우리 생령은 대립 관계를 안고 태어난다.
　합을 이루어도 대립 관계를 소멸시키기란 쉽지 않다.

이러한 대립관계를 불가에서는 과보 또는 업보(業報)라고도 하며 사전적 용어로는 말과 행동이나 생각으로 지은 선악의 결과로 정의할 수 있다.

이 대립 관계의 업은 태양계에 만들어진 윤회의 프로그램과 연결되어 있으며 만생 만물과 이어져 있다. 여기서는 이해를 돕기 위하여 동양 사주학(명리학)을 근거로 업을 소멸하기 위하여 그 과정을 설명한다. 사주(四柱)를 풀이하는 데는 반드시 용신(用神, 나를 이롭게 하여 주는 것)과 희신(喜神, 용신을 돕는 것)이 필요하다.

용신, 희신, 기신을 잡는 데는 복잡할 정도로 그 종류가 다양하다. 이 책에서는 사주풀이(점술)를 행하는 공간이 아니기 때문에 용신법에 관한 구체적인 설명은 불필요함으로 제외하고 종류만 열거하면 다음과 같다.

일간용신법, 억부용신법, 조후용신법, 육신별용신법, 병약용신법, 전왕용신법, 행운용신법, 격국용신법, 통관용신법 등이 있다. 이 중 여기서 열거하고자 하는 용신은 통관용신법을 적용하여 개인의 사주 구성과는 상관없이 각 띠별로 대립하는 오행 상극을 상생으로 통하게 하는 도자기 연출법을 열거한다.

3-1-1. 통관 용신법

<木, 土>가 상극하는 데는 [火]가 통관 용신이다.
<火, 金>이 상극하는 데는 [土]가 통관 용신이다.
<土, 水>가 상극하는 데는 [金]이 통관 용신이다.
<金, 木>이 상극하는 데는 [水]가 통관 용신이다.
<水, 火>가 상극하는 데는 [木]이 통관 용신이다.

 이를 다시 육신(六神, 사주에서 전문 용어)관계로 살펴보면 다음과 같다.

3-1-2. 육신 용신법

관성과 비겁의 상극에는 인성이 통관 용신이다.
비겁이 재성을 극하면 식상이 통관 용신이다.
인성이 식상을 극하면 비겁이 통관 용신이다.
재성이 인성을 극하면 관성이 통관 용신이다.
식상과 관성의 상극에는 재성이 통관 용신이다.

12지지에 따른 동물 나열	
木	인(寅 범), 묘(卯 토끼)
火	오(午 말), 사(巳 뱀)
土	진(辰 용), 술(戌 개), 축(丑 소), 미(未 양)
金	신(申 원숭이), 유(酉 닭)
水	자(子 쥐), 해(亥 돼지)

 통관 도자기 연출법은 그 특성상 첫 번째는 각 띠에 적합한 12지지 중 자신의 띠에 맞는 동물 하나를 선택하거나 띠에 맞는 문양에 의하며 나머지 두 개는 단색 도자기로만 연출이 가능하다.

 또는 연출 전용도자기로만 연출이 가능하며 역시 오행을 나타내는 캐릭터 부착은 필수이며 각띠별로 예를 든 연출한 도자기의 이미지 사진은 포토샵이나 전문 촬영 없이 스마트폰 카메라로 연출 이미지를 촬영하여 진정성을 높였다.

 동물 도안과 문양등은 각 '띠별에 적합한 도자기' 편을 참고하면 된다.

3-2
범띠(寅) 목(木)에 해당하는 삼원 통관 도자기 연출법

木 火 土 =삼원 상생 나열

동물 또는 문양과 단색으로 삼원 도자기 연출.
범(木) 도안 또는 문양 도안, 적색 계열(火), 황색 계열(土)을 나란히 연출 또는 연출 전용 도자기를 나란히 연출.

3-2-1. 토끼띠(卯) 목(木)에 해당하는 삼원 통관 도자기 연출법

木 火 土 = 삼원 상생 나열

동물 또는 문양과 단색으로 삼원 도자기 연출.
토끼(木) 또는 문양 도안, 적색 계열(火), 황색 계열(土)을 나란히 연출 또는 연출 전용 도자기를 나란히 연출.

3-2-2. 말띠(午)에 해당하는 삼원 통관 도자기 연출법

火 土 金 = 삼원 상생 나열

동물 또는 문양과 단색으로 삼원 도자기 연출.
말(午) 또는 문양 도안, 황색계열(土), 백색 계열(金)을 나란히 연출 또는 연출전용도자기로 나란히 연출.

3-2-3. 뱀띠(巳)에 해당하는 삼원 통관 도자기 연출법

火 土 金 = 삼원 상생 나열

동물 또는 문양과 단색으로 삼원 도자기 연출.

뱀(火) 또는 문양 도안, 황색 계열(土), 백색 계열(金)을 나란히 나란히 연출 또는 연출 전용 도자기로 나란히 연출.

3-2-4. 용띠(辰)에 해당하는 삼원 통관 도자기 연출법

土 金 水 = 삼원 상생 나열

동물 또는 문양과 단색으로 삼원 도자기 연출.

용(土) 또는 문양 도안, 백색 계열(金), 흑색 계열(水)을 나란히 연출 또는 연출 전용 도자기로 나란히 연출.

3-2-5. 개띠(戌)에 해당하는 삼원 통관 도자기 연출법

土 金 水 = 삼원 상생 나열

동물 또는 문양과 단색으로 삼원 도자기 연출.

개(土) 또는 문양 도안, 백색 계열(金), 흑색 계열(水)을 나란히 연출 또는 연출 전용 도자기로 나란히 연출.

3-2-6. 소띠(丑)에 해당하는 삼원 통관 도자기 연출법

土 金 水 = 삼원 상생 나열

동물 또는 문양과 단색으로 삼원 도자기 연출.
 소(土) 또는 문양 도안, 백색계열(金), 흑색 계열(水)을 나란히 연출 또는 연출 전용 도자기로 나란히 연출.

3-2-7. 양띠(未)에 해당하는 삼원 통관 도자기 연출법

土 金 水 = 삼원 상생 나열

동물 또는 문양과 단색으로 삼원 도자기 연출.
양(土) 또는 문양 도안, 백색 계열(金), 흑색 계열(水)을 나란히 연출 또는 연출 전용 도자기로 나란히 연출.

3-2-8. 원숭이띠(申)에 해당하는 삼원 통관 도자기 연출법

金 水 木 = 삼원 상생 나열

동물 또는 문양과 단색으로 삼원 도자기 연출.
원숭이(金) 또는 문양 도안, 흑색 계열(水), 청색 계열(木)을 나란히 연출 또는 연출 전용 도자기로 나란히 연출.

3-2-9. 닭띠(酉)에 해당하는
삼원 통관 도자기 연출법

金 水 木 = 삼원 상생 나열

동물 또는 문양과 단색으로 삼원 도자기 연출.

닭(金) 또는 문양 도안, 흑색 계열(水), 청색 계열(木)을 나란히 연출 또는 연출 전용 도자기로 나란히 연출.

3-2-10. 쥐띠(子)에 해당하는 삼원 통관 도자기 연출법

水 木 火 = 삼원 상생 나열

동물 또는 문양과 단색으로 삼원 도자기 연출.

쥐(水) 또는 문양 도안, 청색 계열(木), 적색 계열(火)을 나란히 연출 또는 연출 전용 도자기로 나란히 연출.

3-2-11. 돼지띠(亥)에 해당하는 삼원 통관 도자기 연출법

水 木 火 = 삼원 상생 나열

동물 또는 문양과 단색으로 삼원 도자기 연출.
돼지(水) 또는 문양 도안, 청색 계열(木), 적색 계열(火)을 나란히 연출 또는 연출 전용 도자기로 나란히 연출.

제4부

각 단색과 종물과 문양을 조합할 때의 순서와 연출 수

4-1
각 단색과 동물과 문양을
조합할 때의 순서와 연출 수

도자기를 연출할 때는 좌측에서 우측으로 연출 하며 각 연출명에 의하여 작품수를 두 개 또는 세 개로 제한하며 다섯 개를 연출할 때는 예외로 한다.

여기서 동물이라 함은 12지지에 의한 열두 동물을 말하며 기타 동물 도안은 문양에 속하며 기형은 문양에 속한다.

12지지 (地支) 동물	쥐	소	범	토끼	용	뱀
	子	丑	寅	卯	辰	巳
	말	양	원숭이	닭	개	돼지
	午	未	申	酉	戌	亥

4-1-1. 두 가지로 조합하여 도자기를 연출할 때

각 단색, 단색

각 동물, 동물

각 문양(기형), 문양(기형)

각 단색, 동물

각 단색, 문양

각 동물, 단색

각 동물, 문양

각 문양, 단색

각 문양, 동물

각 단색과 동물과 문양을 조합할 때의 순서

4-1-2. 세 가지로 조합하여 도자기를 연출할 때

각 단색 단색 단색
각 단색 단색 동물
각 단색 동물 단색
각 단색 동물 동물
각 단색 동물 문양
각 단색 문양 동물
각 단색 문양 문양
....
각 동물 동물 동물
각 동물 동물 단색
각 동물 단색 동물
각 동물 단색 단색
각 동물 동물 문양
각 동물 문양 동물

각 동물 문양 단색
각 동물 단색 문양
각 문양 문양 문양
....
각 문양 문양 문양
각 문양 문양 단색
각 문양 단색 문양
각 문양 단색 단색
각 문양 문양 동물
각 문양 동물 문양
각 문양 동물 동물
각 문양 동물 단색
각 문양 단색 동물

4-1-3. 각 띠별 적합한 운기 발현 연출 도자기

■ 도자기 연출은 운기 발현과 함께 예술의 가치를 격상시키며 사람의 마음을 아름답게 하는데 그 의의가 있다.

각띠 별 적합한 도자기를 선택할 수 있는 근거적 자료는 음양오행의 이치에 의하여 색상, 도안, 기형 등을 분류하였으며 사람과 동식물 등은 계절과 도안의 의미 문헌 등을 참고하여 각띠별 적용하였다.

그러나 이해할 수 없는 문양이나 도안 등은 난해하며 거의 모든 문양과 색상의 선별적 요소는 복잡다단할 수 있으므로 잘못 배치됨을 방지해야 하므로 반드시 오행 캐릭터 스티커를 도자기 밑굽이나 동체에 부착하는 게 좋다.

사무실이나 사업장 집 안방 거실에 연출할 때는 회사 대표 또는 대주(세대주)를 기준하여 띠별 연출하면 된다. 그 외 각자 자신의 방이나 공간에 연출할 때는 자신의 띠에 적합한 도자기를 연출하면 된다.

도자기는 색상과 그림과 기형이 있다.

각띠에 적합한 도자기를 선택할 때는 색상보다 그림이 우선하고 그림보다 기형이 우선하며 기형보다 12지지 동물 도안이 우선한다.

모든 과일과 꽃 곡물등은 과일이나 꽃의 색에 의하여 오행에 준하는 색의 띠에 적절하게 택하여 연출하며 각 개인의 상황에 따라서 과일의 종류를 선택할 수 있는데 과일이나 꽃등의 색이 실제 색보다 도자기에 그려진 색을 우선 할 수 있으며 모든 작품은 계절, 색상, 도안, 기형에 의하여 띠별 중복 될 수 있다.

4-1-4. 모든 띠에 해당하는 작품

-한글 캐릭터가 도안된 연출 전용 도자기는 각 띠별 적용된다.
-불상 도안과 기형은 모든 띠에 해당.
-십장생 도안은 모든 띠에 해당.
-사군자(매화, 난초, 국화, 대나무)가 그려진 도자기는
  모든 띠에 해당.
-우주를 연상케 하는 도안 모든 띠에 해당.
-산수화는 모든 띠에 해당.
-글과 시문은 모든 띠에 해당.
-십자가 도안 모든 띠에 해당.
-태극기, 성조기, 일장기 등 각 나라를 상징하는 국기
  모든 띠에 해당.
-남녀(선녀, 천사, 도인 등)가 동시에 있는 도안은
  모든 띠에 해당.
-12지지 동물 도안이 모두 들어있는 도자기 모든 띠에 해당.
-황제, 임금, 대통령, 사대성인, 신선, 도인, 포대화상 등의
  도안과 기형은 모든 띠에 해당.

4-1-5. 오행(木, 양) 범띠(寅)에 적합한 도자기

연출 전용 도자기 중 성공돌이

일반도자기 단색 중 파란색 계열(도안이 있어도 전체적으로 단색일 경우 단색으로 연출 가능) 단, 12지지 동물 도안이 있을 경우 제외.

송학도, 입구가 3개 있는 도자기 또는 3개의 구멍이 있는 도자기, 8개의 면으로 된 도자기, 범 도안, 어린아이(동자), 남자 도안, 초식 동물 도안, 소나무 도안, 나비 도안, 제비, 독수리, 종달새, 대나무, 팬더, 푸른색 계열 색을 띠운 꽃, 인삼 도안, 호박 도안, 나무 도안, 능수버들, 여치, 메뚜기, 매화, 사슴, 갓, 푸른색 계열을 띄는 새 종류, 숫자 3, 8, 풀에서 사는 곤충, 기와집(기와집은 잔나비와 닭띠에도 해당).

산(산은 띠 중 잔나비와 닭띠에도 해당) 배, 사공, 풀, 스님 도안, 글, 시문, 남자도안, 물레방아(물레방아는 띠 중 쥐와 돼지띠에도 해당), 청개구리, 목단꽃, 푸른색 계열 낙엽 도안, 청포도, 사마귀(螳螂拒轍), 범을 뜻하는 글씨.

4-1-6. 오행(木, 음) 토끼띠(卯)에 적합한 도자기

연출 전용 도자기 중 성공돌이

일반도자기 단색 중 파란색 계열(도안이 있어도 전체적으로 단색일 경우 단색으로 연출 가능) 단 12지지 동물 도안이 있을 경우 제외.

송학도, 입구가 3개 있는 도자기 또는 3개의 구멍이 있는 도자기, 8개의 면으로 된 도자기, 토끼 도안, 어린아이(동자), 여자 도안, 초식 동물 도안, 소나무 도안, 나비 도안, 제비, 독수리, 대나무, 팬더, 푸른색 계열 색을 띠는 꽃, 인삼 도안, 호박 도안, 나무 도안, 능수버들, 여치, 메뚜기, 매화, 사슴, 갓, 푸른색 계열을 띠는 새 종류, 숫자 3, 8, 풀에서 사는 곤충, 기와집(기와집은 잔나비와 닭띠에도 해당).

산(산은 띠 중 잔나비와 닭띠에도 해당), 배, 사공, 배, 풀, 스님 도안, 글, 시문, 여자 도안, 물레방아(물레방아는 띠 중 쥐와 돼지띠에도 해당), 청개구리, 목단꽃, 호리병 기형(단 12지지 동물 도안이 있을 때 별도), 푸른색 계열 낙엽 도안, 청포도, 토끼를 뜻하는 글씨.

4-1-7. 오행(火. 음) 뱀띠(巳)에 적합한 도자기

연출 전용 도자기 중 긍정순이

일반도자기 단색 중 붉은색 계열(도안이 있어도 전체적으로 단색일 경우 단색으로 연출 가능) 단, 12지지 동물 도안이 있을 경우 제외.

이각(쌍원 2개가 붙어있는 도자기), 일곱 개의 면으로 된 도자기, 뱀 도안, 여자 도안, 태양, 삼족오(까마귀), 주작(상상의 동물 붉은 봉황), 나비 도안, 등대, 등잔, 선악과(상상의 식물과 열매), 땅에서 기는 모든 생명체.

붉은색 계열의 색을 띠운 꽃, 사과 등 붉은색을 띠는 과일, 매미, 무당벌레, 향로, 화로, 요변(불에 의한 무늬 형성), 연꽃, 인화문, 촛대. 붉은색 계열을 띠는 새 종류.

숫자 2, 7, 문방사우, 도마뱀, 피에로, 도장, 장미, 석류, 주전자 기형(주전자 기형은 쥐와 돼지띠에도 해당하며 단색일 경우 단색에 의하여 각띠별 응용이 가능), 여자 도안, 인삼 산삼 도안, 호리병 기형(단, 12지지 동물 도안이 있을 때 별도), 뱀을 뜻하는 글씨.

4-1-8. 오행(火, 양) 말띠(午)에 적합한 도자기

연출 전용 도자기 중 긍정순이

일반 도자기 단색 중 붉은색 계열(도안이 있어도 전체적으로 단색일 경우 단색으로 연출 가능) 단, 12지지 동물 도안이 있을 경우 제외.

이각(쌍원 2개가 붙어있는 도자기), 일곱 개의 면으로 된 도자기, 말 도안, 도안 중 남자가 말을 타고 있으면 남자 말띠에 해당, 여자가 말을 타고 있으면 여자 말띠에 해당, 남자 도안, 태양, 삼족오(까마귀), 주작(상상의 동물, 붉은 봉황).

나비 도안, 등대, 등잔, 마차, 가마 도안, 붉은색 계열의 색을 띠는 꽃, 사과 등 붉은색을 띠는 과일, 매미, 무당벌레, 향로, 화로, 요변(불에 의한 무늬 형성), 연꽃, 인화문, 촛대, 붉은색 계열을 띠는 새 종류.

숫자 2, 7, 문방사우, 도마뱀, 피에로, 도장, 장미, 석류, 주전자 기형(주전자 기형은 쥐와 돼지띠에도 해당하며 단색일 경우 단색에 의하여 각띠별 응용이 가능), 남자 도안, 인삼 산삼 도안, 말을 뜻하는 글씨.

4-1-9. 오행(土, 음) 소띠(丑)에 적합한 도자기

연출 전용 도자기 중 뽕뽕남

일반 도자기 단색 중 황색 계열(도안이 있어도 전체적으로 단색일 경우 단색으로 연출 가능) 단, 12지지 동물 도안이 있을 경우 제외.

5각으로 된 도자기, 입구가 5개가 있는 도자기 10면으로 된 도자기, 많은 구멍이 있는 투각 도자기(단, 동물 도안이 있는 각이나 구멍 등 투각 도자기는 12지지 동물도안이 우선한다).

소 도안, 여자 도안, 지도 길 무늬 문양, 황새, 황색 계열 색을 띠는 꽃, 참외 배 등 황색 계열을 띠는 과일, 바닷게, 소라, 개미, 땅 갈라짐으로 보이는 도자기(중국에서 만들어진 도자기 중 일명 가요), 황색 계열을 띠는 새 종류, 숫자 5, 10, 땅속에서 사는 곤충, 초가집(초가집은 띠 중 잔나비와 닭띠에도 해당).

부엉이, 호리병 기형(단 12지지 동물 도안이 있을 때 별도), 단색 토기 옹기, 소를 뜻하는 글씨, 황색 계열 단색 주전자 기형, 불곰, 황색계열 낙엽 도안.

4-1-10. 오행(土, 양) 용띠(辰)에 적합한 도자기

연출 전용 도자기 중 뽕뽕남

　일반 도자기 단색 중 황색 계열(도안이 있어도 전체적으로 단색일 경우 단색으로 연출 가능) 단, 12지지 동물 도안이 있을 경우 제외.
　5각으로 된 도자기, 입구가 5개가 있는 도자기 10면으로 된 도자기, 많은 구멍이 있는 투각 도자기(단, 동물 도안이 있는 각이나 구멍등 투각 도자기는 12지지 동물도안이 우선한다).
　용 도안(단 용이 9개가 그려져 있는 도안은 회사 대표나 조직의 수장에 한한다.) 남자 도안, 지도 길 무늬 문양, 황새, 황색 계열 색을 띄는 꽃, 참외 배 등 황색 계열을 띄는 과일, 바닷게, 소라, 개미, 땅 갈라짐으로 보이는 도자기(중국에서 만들어진 도자기 중 일명 가요), 곤충, 황색 계열을 띄는 새 종류, 숫자 5, 10, 땅속에서 사는 곤충, 초가집(초가집은 띠 중 잔나비와 닭띠에도 해당).
　부엉이, 단색 토기 옹기, 용을 뜻하는 글씨, 황색 계열 단색 주전자 기형, 불곰, 황색 계열 낙엽 도안.

4-1-11. 오행(土, 음) 양띠(未)에 적합한 도자기

연출 전용 도자기 중 뽕뽕남

일반 도자기 단색 중 황색계열(도안이 있어도 전체적으로 단색일 경우 단색으로 연출 가능) 단, 12지지 동물 도안이 있을 경우 제외.

5각으로 된 도자기, 입구가 5개가 있는 도자기 10면으로 된 도자기, 많은 구멍이 있는 투각 도자기(단, 동물 도안이 있는 각이나 구멍 등 투각 도자기는 12지지 동물 도안이 우선한다).

양 도안, 여자 도안, 지도 길 무늬 문양, 황새, 황색 계열 색을 띠는 꽃, 참외 배 등 황색 계열을 띠는 과일, 바닷게, 소라, 개미, 땅 갈라짐으로 보이는 도자기(중국에서 만들어진 도자기 중 일명 가요).

곤충, 황색 계열을 띠는 새 종류, 숫자 5, 10, 땅속에서 사는 곤충, 초가집(초가집은 띠 중 잔나비와 닭띠에도 해당), 부엉이, 호리병 기형(단 12지지 동물 도안이 있을 때 별도).

단색 토기 옹기, 양을 뜻하는 글씨, 황색 계열 단색 주전자 기형, 불곰, 황색 계열 낙엽 도안.

4-1-12. 오행(土, 양) 개띠(戌)에 적합한 도자기

연출 전용 도자기 중 뽕뽕남

일반 도자기 단색 중 황색 계열(도안이 있어도 전체적으로 단색일 경우 단색으로 연출 가능) 단, 12지지 동물 도안이 있을 경우 제외.

5각으로 된 도자기, 입구가 5개가 있는 도자기 10면으로 된 도자기, 많은 구멍이 있는 투각 도자기(단, 동물 도안이 있는 각이나 구멍 등 투각 도자기는 12지지 동물 도안이 우선한다).

개 도안, 남자 도안, 지도, 길 무늬 문양, 황새, 황색 계열 색을 띠는 꽃, 참외 배등 황색 계열을 띠는 과일, 바닷게, 소라, 개미, 땅 갈라짐으로 보이는 도자기(중국에서 만들어진 도자기 중 일명 가요).

황색 계열을 띠는 새 종류, 숫자 5, 10, 땅속에서 사는 곤충, 초가집(초가집은 띠 중 잔나비와 닭띠에도 해당).

부엉이, 단색 토기 옹기, 개를 뜻하는 글씨, 황색 계열 단색 주전자 기형, 불곰, 황색 계열 낙엽 도안.

4-1-13. 오행(金, 양) 원숭이띠(申)에 적합한 도자기

연출 전용 도자기 중 풍성녀

일반 도자기 단색 중 백색 계열(도안이 있어도 전체적으로 단색일 경우 단색으로 연출 가능) 단, 12지지 동물 도안이 있을 경우 제외.

사각으로 된 도자기, 입구가 9개가 있는 도자기, 곡물류 도안, 원숭이 도안, 육식동물 도안, 바위 도안, 전쟁문, 학, 두루미, 기러기, 이름 모를 새 도안, 손오공, 흰곰, 우주선, 난초, 국화, 코끼리, 집, 백색 계열을 띄는 새 종류(단 이미 다른 띠에 적합한 도자기로 분류된 새는 제외).

보석 박힌 도자기, 숫자 4, 9, 동이나 철로 합체된 도자기, 기와집(기와집은 닭띠에도 해당), 섬, 탑 도안이나 기형, 산(산은 띠 중 닭띠에도 해당).

총, 무기류, 다리, 병사(군인), 병장기, 금개구리, 코스모스, 남자 도안, 담뱃대, 거미, 잠자리, 표주박 도안, 사냥 도안, 원숭이를 뜻하는 글씨, 코뿔소, 배추, 백곰, 반달곰.

4-1-4. 오행(金, 음) 닭띠(酉)에 적합한 도자기

연출 전용 도자기 중 풍성녀

일반 도자기 단색 중 백색 계열(도안이 있어도 전체적으로 단색일 경우 단색으로 연출 가능) 단, 12지지 동물 도안이 있을 경우 제외.

사각으로 된 도자기, 입구가 9개가 있는 도자기, 곡물류 도안, 닭 도안, 육식동물 도안, 바위 도안, 전쟁 문, 학, 두루미, 기러기, 이름 모를 새도안, 손오공, 흰곰, 우주선, 학, 난초, 국화, 코끼리, 원앙, 봉황, 집, 백색 계열을 띄는 새 종류(단 이미 다른 띠에 적합한 도자기로 분류된 새는 제외).

보석 박힌 도자기, 숫자 4, 9, 동이나 철로 합체된 도자기, 기와집(기와집은 잔나비에도 해당), 섬, 탑 도안이나 기형, 산(산은 띠 중 잔나비와 닭띠에도 해당), 총, 무기류, 다리, 병사(군인), 병장기, 금개구리, 코스모스, 여자도안, 담뱃대, 잠자리, 거미, 호리병 기형(단, 12지지 동물 도안이 있을 때 별도).

표주박 도안, 사냥 도안, 닭을 뜻하는 글씨, 코뿔소, 배추, 백곰, 반달곰.

4-1-15. 오행(水, 양) 쥐띠(子)에 적합한 도자기

연출 전용 도자기 중 용대감

일반 도자기 단색 중 흑색 계열(도안이 있어도 전체적으로 단색일 경우 단색으로 연출 가능) 단, 12지지 동물 도안이 있을 경우 제외.

달마 도안, 일각(원형), 여섯 개의 각으로 된 도자기, 설경(겨울 풍경), 쥐 도안, 다람쥐 도안, 박쥐 도안, 남자 도안, 현무(상상의 동물).

왕관, 갓, 모자류, 기하학문양 추상문, 별을 나타내는 도안, 쥐를 뜻하는 글씨 도안, 물, 시냇물, 강, 파도, 바다, 폭포, 강, 빙열(氷) 무늬, 호수, 오리, 달, 독수리, 검은 계열 색을 띠는 꽃, 포도 머루 오디 등 흑색 계열 색을 띠는 과일, 서수, 문, 도안(추상적 상상의 동물).

검은 곰, 물고기, 거북이, 고래 가재 등, 배(ship), 군함, 범선, 나룻배 등 도안, 주전자 계열 기형(단색일 경우 단색에 의하여 각띠별 응용이 가능 단 12지지 동물 도안이 있을 때 별도).

딸기 귤 등 추위를 머금은 과일, 버드나무, 태극 건곤감리 사계, 팔계 문양, 검은색 계열을 띠는 새 종류, 숫자 1, 6, 물레방아, 두꺼비, 도룡뇽, 악어, 남자 도안, 쥐를 뜻하는 글씨, 흑곰, 연꽃.

4-1-16. 오행(水, 음) 돼지띠(亥)에 적합한 도자기

연출 전용 도자기 중 용대감

일반 도자기 단색 중 흑색 계열(도안이 있어도 전체적으로 단색일 경우 단색으로 연출 가능) 단, 12지지 동물 도안이 있을 경우 제외.

달마 도안, 일각(원형), 여섯 개의 각으로 된 도자기, 설경(겨울 풍경), 돼지 도안, 여자 도안, 현무(상상의 동물), 왕관, 갓, 모자류, 기하학 문양 추상문, 별을 나타내는 도안, 물, 시냇물, 강, 폭포 파도, 바다, 빙열(氷) 무늬, 호수, 오리, 달, 독수리, 뚜껑 있는 도자기(사탄 봉인용), 포도 머루 오디 등 흑색 계열 색을 띠는 과일, 서수, 문 도안(추상적 상상의 동물).

검은 곰, 물고기, 거북이, 고래 가재 등, 배 도안, 주전자 계열 기형(단색일 경우 단색에 의하여 각띠별 응용이 가능 단 12지지 동물 도안이 있을 때 별도), 호리병 기형(단 12지지 동물 도안이 있을 때 별도), 딸기 귤 등 추위를 머금은 과일, 버드나무, 태극 건곤감리 사계, 팔계 문양, 검은색 계열을 띠는 새 종류, 숫자 1, 6, 물레방아, 두꺼비, 도룡뇽, 악어, 여자 도안, 담뱃대, 돼지를 뜻하는 글씨, 흑곰, 연꽃.

제5부

도자기 연출에 적합한 도자기와 적합하지 않은 도자기

5-1
도자기 연출에 적합한 도자기와 적합하지 않은 도자기

5-1-1. 적합한 도자기

- 한글 캐릭터가 도안된 연출 전용 도자기.
- 연출 도자기는 국적을 불문한다.
- 사람의 1대 30년을 기준, 만든 지 30년 이상 된 도자기.
  (작품에 따라서 연대가 30년 이하일 경우라도 연출 도자기로 가능할 수 있다.)
- 전체적으로 깨끗하며 작품성이 좋은 도자기.
- 1/5 이상 파손되지 않은 도자기.
- 약품처리나 인위적 손질을 하지 않은 자연 소성 그대로의 도자기.
- 전체 그림이 인쇄가 되지 않은 도자기.
  (일부 인쇄 또는 연출 전용 도자기 가능)

5-1-2. 적합하지 않은 도자기

-야광 도자기 등 화학 재료가 포함된 도자기.

-공장에서 기계적 대량 생산한 도자기.

-석고. 마블. 테라코타 수지 레진 재질 등으로 만든 작품.

-자사(돌가루로 만든 작품, 瓷沙)는 연출용으로 제외.

   (단 불상이나 문방사우 장르의 작품은 가능)

-기념품이나 개인 이름이 적힌 주문 작품.

   (단, 자신의 이름이 새겨진 작품은 자신에게만 가능)

-나무 재질이 부착된 도자기.

-주방용품으로 사용하는 도자기.

-기포가 파괴되어 있는 도자기.

-도자기 밑굽에 개인 수결이나 도장이 있는 경우

   (단 공방 수결이나 도장, 왕의 호나 이름이 있는 작품은 제외한다)

-도자기에 용이 구룡(9마리의 용)인 경우 조직이나 단체를 리더하는 수장에게만 가능하다.

-유약이 없는 도자기나 소실된 도자기.

-출토된 도자기 중 유약이 전체적으로 산화되었거나 퇴색된 도자기(단, 토기는 용도에 따라 달라질 수 있다)

5-1-3. 한글 캐릭터 오인방 이미지

5-1-4. 오행의 표시에 부합된 한글 캐릭터 도표

오행이 표시하는 사상

캐릭터 이미지					
오행	목	화	토	금	수
십간	갑을	병정	무기	경신	임계
12지지	인묘	오사	진술축미	신유	자해
음양	양음	양음	양음	양음	양음
숫자	1, 2	3, 4	5, 6	7, 8	9, 10
오방	동	남	중앙	서	북
계절	춘	하	토용	추	동
오장	간	심장	비장	폐	신장
육부	담	소장	위장	대장	방광
오상	인	예	신	의	지
오수	3.8목	2.7화	5.10토	4.9금	1.6수
오색	청	적	황	백	흑

5-1-5. 한글 캐릭터와 각 12지지 동물이 도안된 도자기

도자기 연출에 적합한 도지기와 적합하지 않은 도자기

5-1-6. 도자기에 부착하는 한글 캐릭터와 각 12지지 동물이 도안 된 스티커

5-1-7. 한글 캐릭터 실용신안 등록증

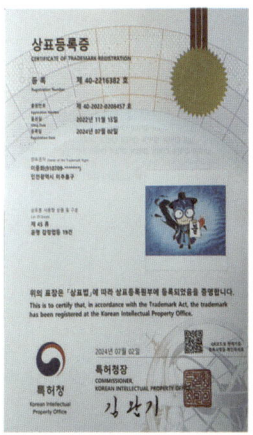
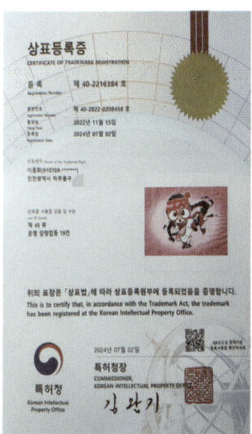
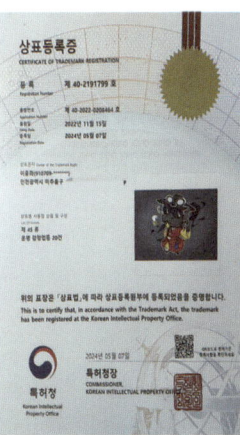
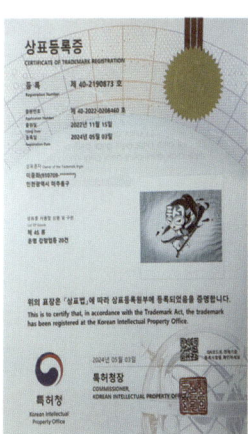
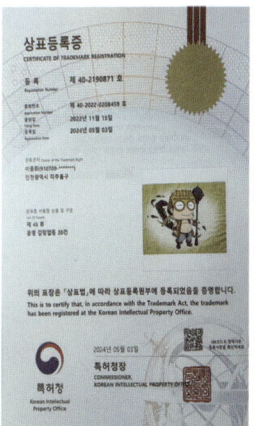

5-1-8. 연출 전용 한글 캐릭터 응용과 이미지

　　도자기에 부착하는 한글 캐릭터는 오행사상의 지표 역할을 함으로써 구시대적인 부적 등에 대한 반감, 혐오감, 이질감, 의구심 등을 다소 해소하는 현시대에 걸맞는 이미지 캐릭터이다. 한글 캐릭터 오인방은 한국 콘텐츠진흥원에서 신규 캐릭터로서는 최고의 점수를 받은 바 있으며 한글의 장점을 필두로 의인화한 캐릭터로서 한글의 우수성을 세계에 알릴 수 있는 한국 대표 캐릭터로서 손색이 없으며 한류 열풍 국위 선양을 이바지 홍보대사 역할을 수행할 수 있는 자격을 갖춘 캐릭터이다.

　　이 캐릭터는 각 분야에 두각을 나타낼 수 있을 뿐만 아니라 한글의 뜻과 의미대로 긍정적이고 건설적인 마인드를 불러일으키는 캐릭터이다. 단, 한글 오인방 캐릭터는 순수 우리말이 아니며 그 뜻과 의미는 뽕뽕남을 제외하고 각 성공돌이, 긍정순이, 풍성녀, 용대감은 그 어원이 한문의 어휘부터 시작되었다.

한글 캐릭터를 도자기에 부착하는 의미는 행여 잘못 연출하였거나 도자기에 부정한 기(氣)가 있을 때 이를 방지하기 위한 목적이 있다.

일본은 신대문자(神代文子)라고 부르면서 "약 1천 년 전, 역사시대 이전에 신이 사용했던 문자"라고 주장하며 제사까지 지내며 신대문자를 신격화한 일들이 있었는데, 이 문자는 다름 아닌 한글 훈민정음의 자음과 모음을 베껴 흉내 낸 거짓된 문자이고 모두 후대에 창작된 것으로 규명된 바 있다.

그러나 한글 캐릭터는 각 분야에서 활용이 가능하지만 신격화해서는 안 되며 독창적인 세계 최초 문자 캐릭터로서 타의 추종을 불허하는 경쟁력 있는 캐릭터이다.

5-1-9. 연출 전용 도자기에 의한 삼합 연출 도자기 이미지와 부착 캐릭터

5-1-10. 연출 전용 도자기에 의한 영합 연출 도자기 이미지와 부착 캐릭터

도자기 연출에 적합한 도자기와 적합하지 않은 도자기

5-1-11. 연출 전용 도자기에 의한 삼원 연출 도자기 이미지와 부착 캐릭터

첫 번째 연출 도자기에 부착하는 스티커는 자신의 띠에 맞는 동물 도안이 창착 된 이미지를 부착하며 두 번째 세 번째 부착스티커는 오행캐릭터 문양만 그려진 스티커를 부착한다.

5-1-12. 연출 도자기 밑굽에 부착된 캐릭터 스티커 이미지

5-1-13. 한글 캐릭터 부착 스티커와 이름

이스라엘에서 약 3000년 전 소성된 도자기가 출토 발견되었는데 도자기에는 '에시봐엘반베다'라는 이름이 적혀 있었다고 한다. 이렇게 이름이 적혀있는 〈에시바엘〉은 구약성경에 8장33절과 9장 39절에는 사울의 넷째 아들로 기록되어 있다.

모든 종교를 불문하고 자신의 이름을 삽입 등재하거나 기도 등 의례와 의식에 적용하여 기록하기도 한다.

이와같이 오직 개인을 위한 이름을 한글 캐릭터 스티커에 적어서 연출된 도자기에 부착할 수 있으며 그 도자기에는 자신만을 위한 염원을 기록하고 영역을 표시할 수 있다.

이처럼 인간이 역사를 이루어 종교를 만든 이래 어떤 종교개념을 막론하고 각 개인의 이름이 사용되거나 대변하는 상징물로 등재되어 기록되기도 한다. 이름은 곧 그 사람의 대변이며 그 사람을 상징한다.

이와같이 도자기 연출은 풍수인테리어 용도로로 논할 수 있으며 그 도자기에 자신을 나타내는 이름을 부착하거나 새기는 행위는 여망을 갈구하는 기본적인 간단한 의례이다. 이는 타 종교와는 무관한 **풍수인테리어 의례로서 인연되어 온 도자기에게 감사와 고마움을 전하는 동시에 좋은 교류를 바라는 마음의 표현이다.**

이와 같은 행위는 성경 기록에서도 찾아볼 수 있다.
즉, 도자기와 자신은 창조주의 관계를 의미하는 것이다.

(이사야 64장 8절)
"······우리는 진흙이요 주는 토기장이시니 우리는 다 주의 손으로 지으신 것이라······."

성경 기록은 인용, 응용하는 것은 이해를 돕기 위한 자료이므로 종교적 불쾌감이 없었으면 한다.

5-1-14. 연출된 도자기와 교감하는 방법

연출된 도자기는 자신과 교감이 시작되는 순간 그 효력이 발생할 수 있으며 연출되었다고 하더라도 교감이 충만하지 않으면 골동품 개념이나 미술품 개념으로만 그 역할을 담당할 뿐이다.

연출 도자기에 각 띠별 오행학에 준하는 한글 캐릭터의 스티커 부착은 기본이다. 한글 캐릭터의 부착은 혹여 잘 못 된 연출 도자기의 부정적 요소를 방어하고 도자기 내에 잠재되어 있을 수 있는 잡부를 제거하는 데 그 목적이 있다.

연출된 도자기는 자신과 우주적 관계를 연결할 준비가 되어있다. 자신이 연출된 도자기에 관심을 가지고 교감을 나누는 순간부터 말이다.

연출된 도자기를 신격화해서는 안 된다. 자신과 또 다른 영역을 연결해주는 매개체로서의 역할을 하는 조화된 연출이므로 마음으로 아끼고 사랑해주면 좋다. 연출된 도자기를 자주 만지거나 마른 수건으로 닦아주는 등 또는 의식적으로 자주 눈길을 주고 무언의 대화나 속삭이듯 독백하듯 대화를 나누어 보자. 대화의 내용은 자신의 염원이 담긴 내용이면 무엇이든 좋다.

세상에는 알 수 없는 영역이 도사리고 있으며 그 중 사후세계의 비밀과 신비한 현상 등 생령에게는 약물로도 치료되지 않는 병이 많다. 연출된 도자기에서 알 수 없는 기(氣)가 동하여 이해할 수 없고 입증할 수 없는 초자연적 치병이 일어나는 경우도 있을 것이다. 그러므로 연출된 도자기에 그냥 컵이나 잔에 물 한 잔 두었다가 하루가 지난 후 매일 마셔보자 어차피 하루 중 마셔야 할 물의 양 중에서 마셔보자. 밑져야 본전이다.

물은 많이 마실수록 좋다. 그러므로 작은 그릇보다는 대접이나 사발 등 큰 그릇이 좋으며 용기는 반드시 도자기라야 한다. 하루가 지난 물을 마실 때는 먼지가 들어가지 않도록 뚜껑있는 그릇이거나 뚜껑이 없는 그릇은 다른 그릇을 이용하여 덮어두는 게 좋으며, 물을 마실 때는 몸과 정신이 좋아진다는 기대감을 가져야 한다. 연출된 도자기 옆에 물을 놓을 여건이나 입장이 아니면 연출된 도자기에 매일 관심을 가지고 마음으로 교감해도 무방하다.

연출된 도자기 곁에 둔 물 한 잔을 어떤 마음가짐으로 음용하느냐에 따라서 그 효과는 달라지며 자연치유력이 배가되어 약을 복용했을 때 역시 약의 효과도 배가 될 수 있다. 그 물의 음용은 우주가 팽창하듯 자신의 모든 면의 긍정을 팽창시켜 원하는 결과를 가속할 수도 있을 것이다.

그 효과는 개인차에 의하여 즉시 또는 한 달 후가 될지 일 년 후가 될지 아니면 전혀 효과가 없을지 알지 못한다. 물론 과학적 근거는 없으며 입증도 하지 못한다. 성경 기록과 같이 스스로 토기장이가 되어 연출된 도자기를 귀히 여기는 마음가짐을 가져야 한다.

(로마서 9:21)
"토기장이가 하나는 귀히 쓸 그릇을, 하나는 천히 쓸 그릇을 만들 권한이 없느냐"

5-1-15. 삼합 영합 삼원 외 도자기 연출법과 이해

■ 오행 공식에 의한 카르마 상생합 도자기 연출법
■ 오행 상생에 의한 오순(五順) 운기 발현 도자기 연출법

등이 있으며, 여기서는 지면 사정상 이미지와 상세 기록을 자제하였다.

카르마 상생합 연출은 동양오행 상생법에 의한 연출법과 달리 천지창조의 원리에 의한 서양오행합으로 연출되는 기법을 말하는 것이며, 오순 도자기 연출법은 오행의 순서에 의하여 다섯 가지를 연출하는 방법이다. 이 연출법은 조직이나 단체를 위하여 준비된 연출법이다.

육신의 고난을 벗고 영혼이 차원을 달리하여 카르마의 윤회 프로그램에서 벗어나 광활한 우주를 향하는 자유로운 영혼, 태양계를

벗어나서 새로운 세상을 창조하는 그 비밀의 열쇠를 향하여 각 띠 별로 매개물을 정하며 숫자 9의 비밀에서 기록하였듯이 심오한 도자기 연출법을 기록하였다.

색상은 오행에 의한 다섯 가지 색이나 근접하는 색으로 정하며 '오행 사상의 표시'에 의하여 자신의 띠에 해당하는 방향으로 연출하면 된다. 부득이한 경우 방향은 편한대로 해도 무방하다. 다만 오행 캐릭터 스티커 부착은 하는 것이 좋다. 오행 사상의 표시에 의한 운기 발현 도자기 연출법은 도상학의 개념과는 달리하는 연출법으로서 현시대에 부합되는 시대적 발상이라고 할 것이다.

도상학은 종교적 개념에서 본다면 문양이나 도안 등을 보고 '그러하였을 것이다.' '그러니까 그랬을 것이다.' '거북이가 오래 사는 동물이니까 거북이 그림이 있는 도자기 등을 곁에 두면 장수한다.' 라든가 사대성인이나 도인의 인물문 도안 등을 집에 두면 복을 받고 부정을 막아준다는 따위의 주관적 개념의 도상학과 오행학에 의한 **〈운기 발현 도자기 연출법〉**은 학문적 개념을 달리한다는 말을 하려는 것이다.

따라서 오행학(60갑자, 수천년전에 우주를 연구하기 위한 초단적 학문)에 의한 도자기 연출법과 천지창조의 원소적 나열에 의한 오행 도자기 연출은 인간과 영적인 존재를 연결하는 교두보 역할을 수행 담당하며 특정 종교와는 무관하며 각 페이지마다 종교적 기록이나 시문을 삽

입한 것은 이해력을 극대화하기 위한 수록집이다.

거듭 운위(云謂)하지만 이 도자기 연출법은 자신의 내면을 깨워 과학적으로 입증할 수 없는 영의 세계에서 고급영으로 거듭날 수 있는 준비 된 과정이다.

■ 글을 마치며

마치는 글은 저자와 손님과의 대화를 웹툰(webtoon) 식으로 마무리하고자 한다.

[영혼의 소리 도자기 연출 연구원 도하당]

매장에 걸린 현판을 보며 원장이 흐뭇해한다.
'현판이 그럴듯하군. 으흠.'
이때 손님이 들어 온다.
원장: 어쩌케 왔어?
손님: 소문 듣고 왔슈.
원장: 고뤠? 싯다운 철퍼덕하시게.
손님: 네?
원장: 앉으라고 이 사람아.

손님: 아! 네에~~.

원장: 그래 무슨 일로 오셨는가?

손님: 제가 요즘에 심적으로 문제가 있는 것 같아서요.

원장: 그럼 병원으로 가야지 여기는 왜 와?

손님: 가 봤지요. 약 먹을 때 그때뿐인 것 같아서요.

원장: 그런데 약으로도 못 고치는 마음의 병을 여기서 어케 고쳐?

손님: 원장님 글을 읽어봤는데 공감 가는 부분이 있어서요.

원장: 어떤 부분이 공감이 가시든가?

손님: 그냥 이 내용 저 내용……이를테면 학술을 근간으로 한 각 사람마다 적용되는 도자기 연출법이라든지 미적분의 응용법이라든지 각 페이지마다 이해를 돕기 위한 시문과 성경 구절 은유법도 마음에 들어오고 무엇보다 도자기에 부착되는 특허 받은 캐릭터도 호기심을 유발하고. 아무튼 끌리는 데가 있어서 반신반의하면서 찾아뵙게 되었습니다.

원장: 고뤠? 스탠드업 발딱.

손님: 네?

원장: 일어서라고 이 사람아!

손님: 아! 네에~~.

(속으로) 뭐야? 원장이 깡마르고 얼굴이 까만 데다 말까지 시금털털하시네? 크크크……어라? 한국역리학회 역술인협회에서 수십 년 전에 발급받은 사주명리학 성명학 관상학 자격증과 역리학 강사 자격증도 있네? 암튼 눈매가 매서운, 흔한 모습은 아닌 듯……크크크.

원장: 뭘 그렇게 두리번거려? 저기 보시게 저기 연출된 영합 도자기를 가져가시게 2점에 오십만 원. 상담료 5만 원 합해서 모두 55만 원일세.

손님: 네에, 그런데 저 정도 도자기면 일반 상점이나 경매장에서 이삼십 정도면 구할 수 있는 거 아닌가요?

원장: 이보시게. 그건 공예품이나 공산품 개념일 때 값이고, 2개 이상 연출된 도자기는 운기 발현과 합도에 의한 예술적 가치가 가미된 작품일세. 할 텐가, 말 텐가?

손님: (잠시 망설이다가) 하겠습니다. 카드 할부로 하겠습니다.

(잠시 후)

손님: 그럼 안녕히 계십시오.

원장: 잠깐! 연출 후 효과가 없다고 판단되거나 변심이 있을 때 1년 이내에 가져오시게. 환불해 드림세.

손님: 네? 그래도 되는지요?

원장: 운기 발현을 위한 연출된 도자기는 상황에 따라서 일부 또는 전액 환불도 되고 되팔아도 최소 그 값은 받을 것일세. 그리고 자네 부적이나 굿을 해서 효과 없다고 물려주는 사례를 보았는가?

손님: 아뇨~. 잘 모르겠습니다.

원장: 부적 등은 효과가 없으면 최소 수만 원부터 수천만 원짜리가 한낱 종이에 불과하지……굿도 효과 없으면 헛돈 날아가는 거고, 그런데 표징 또는 이적용(異蹟用) 개념의 연출 도자기는 그 값을

지니고 가거나 훗날 본전 이상 값어치가 될 수 있다네. 연출 도자기는 7년 동안 연출하야야 하네. 7년 동안 연출 된 도자기는 매도를 원할 경우 그 가치가 상승하는 구도로 시장성이 형성될 걸세 물론 평생 연출도 가능하네. 껄껄껄.

(약 3개월 후 원장은 손님에게 전화를 건다)

원장: 아무개 씨 연출 후 변화가 있으신가?
손님: 원장님 안녕하세요. 원장님께서 가르쳐주신 대로 매일 실천했더니 뭔가 변화가 있는 것 같기도 합니다.
원장: 그러신가? 다행일세. 좀 더 좋은 작품으로 업그레이드해서 연출할 수도 있다네.
손님: 네에 그럴 수도 있군요? 그냥 아직은 이대로가 좋습니다. 감사합니다, 원장님.

원장: 그럼 행복하시게…….

∙∙

손님 2: 저는 값나가는 골동품 도자기로 연출하고 싶습니다.
원장: 삼합도자기 연출 3점 천만 원입니다.
손님 2: 천만 원요? 진품인가요?
원장: 여기 도하당은 진품 보장을 하지는 않습니다. 다만 고견이

높고 경험이 풍부한 분들의 소견을 듣고 100년 이상 연대성이 있다고 판단된 작품들로만 연출한 도자기입니다. 그러므로 구매 후 부득이한 사정으로 반품을 원할 때는 상황에 따라서 10%에서 50%까지 삭감될 수도 있습니다. 단, 판매를 원할 경우에는 판매 후 전액을 환불받을 수 있습니다. 판매 시기는 장담 못합니다. 그리고 관리상 파손이 되었거나 변질이 있을 경우 반품되지 않습니다.

손님 2: 알겠습니다. 연출 작품 주십시오

....

손님 3: 저는 되는 일이 없어서 왔는데 연출하면 성공할 수 있는지요?

원장: 연출한다고 해서 반드시 성공한다는 보장은 없습니다. 다만 연출 된 도자기로부터 알 수 없는 기가 방출되어 그대의 판단력과 분별력을 상승시키고 미적분의 호운으로 도움을 줄 수는 있습니다.

여기서 미적분이라 함은 보이지 않는 곳으로부터 삶의 여정이 시작되고 보이는 곳으로부터 변화가 일어나는 현상을 말하는 것입니다.

자신이 원하는 소원을 뇌에서 명령하면 중추신경으로 전달되고 다시 태양신경총으로 이어지며 마지막으로 손과 발끝으로 이어져서 실현되는 과정을 말하는 것이며, 연출도자기는 그 과정이 끊기지 않고 완성될 수 있도록 사람과 도자기 사이에서 알 수 없는 기운이 형성되어 도와주는 역할을 말합니다.

이와 같은 과정은 "잠재의식의 기적"이라는 글의 일부를 인용한 것이며 형이상학에서 형이하학적 요소가 표출됨을 의미하는 것으로써 과학적 근거로 접근하여 설명하기는 어렵습니다.

손님 3: 네, 이해하기가 쉽지 않지만······.

(잠시 생각 후) 그럼 연출해 주십시오.

원장: 손님께서는 삼합과 영합 모두 다섯 점의 연출도자기가 필요하며 금액은 300만 원 정도의 작품이면 되겠습니다.

··

손님 4: 안녕하세요, 원장님. 우리 애가 공부에 집중을 못 하고 요즘 들어 자꾸 꿈자리가 뒤숭숭합니다.

원장: 네 그러시군요. 도자기는 우리 인류가 만들어 낸 걸작이며 수천 년 세월을 인류와 불가분의 관계를 유지해 왔습니다. 학생 방에 영합으로 도자기를 연출하여 분위기를 쇄신시키고 세대주께서는 삼원합을 연출하면 변화가 실현될 수도 있습니다. 경제적으로 어려우신 것 같으니 최소한의 비용으로 연출해 드리겠습니다. 종이로 쓴 부적보다는 여러 가지로 나을 것입니다. 단 효과가 없다고 생각하시고 언제든지 도자기를 가져오시면 상담료를 제외하고 환불해 드리겠습니다.

손님 4: 그래도 되는지요? 원장님 감사합니다.

손님 5: 연출 도자기는 꼭 무슨 부적 용도나 표식으로만 사용되는 건가요?

원장: 그렇지 않습니다. 표현상 부적의 단어를 인용하였으나 부적 개념으로도 볼 수 있겠으나 표징과 이적(異蹟)을 나타내는 대상물로서 모든 종교적 개념과 무관하며 오행학을 근간으로 하는 두 점 이상의 연출 도자기는 단품에서 볼 수 없는 예술적 미적 감각을 승화시키며 그 패러다임의 특징은 집이나 사무실의 디피용(DP용 : 전시용)을 넘어서 사람과 도자기와의 소통의 관계가 유지되는 현실적인 도예 아이템입니다. 각 띠별로 연출된 도자기는 좋은 운력을 발휘할 수 있는데 이는 종교적 믿음의 구사와는 관계없이 그 운력은 작용할 수 있습니다.

다만, 절대적인 주장이나 과학으로 입증된 것이 아니니 이 점 유념하시기 바라며 호운으로 유도할 수도 있다. 라는 것이니, 혼란스러워하지 않았으면 합니다. 그러므로 단순히 예술적 가치로만 소장하셔도 됩니다.

손님 5: 그럼 부적 개념이 아닌 미적 예술적 공간 인테리어 연출 도자기는 부담없이 하려면 얼마부터 있는지요?

원장: 네 최소 10만 원부터 가능합니다.

손님 5: 네에. 그런데요. 참 신기할 수도 있겠습니다. 단품 도자기에서 찾아볼 수 없는 예술의 세계를 두 점 이상 연출함으로 인하여 예술의 또 다른 상상의 나래를 펼쳐 볼 수 있다는 생각에 기대가 큽니다.

원장: 그런가요? 저는 예술가가 아니라서 잘 모르지만 그럴 수도 있겠다고 생각하며 그 부분을 기술하였습니다.

....

손님 6: 안녕하세요. 책 내용 중 한글을 의인화하여 캐릭터를 만드신 것 같은데 연출 전용 한글 캐릭터 도자기는 언제 만드시나요? 제가 그쪽 분야에 지인을 알고 있어서 가마터를 소개 해 드릴 수 있습니다.

원장: 그 부분은 상당한 경제적 부담이 있으니 추후 시장성을 보고 정하도록 하겠습니다.

....

손님 7: 저~어, 계신지요?

원장: 네 어떻게 오셨는지요?

손님 7: 네 저는 암을 앓고 있는데 누가 여길 가 보라고 해서 왔습니다.

원장: 암을 앓아요? 그럼 병원으로 가셔야지요?

손님 7: 제 지인이 소개해주었는데요, 연출 도자기를 집에 두면 병이 낫는다고 해서요…….

원장: 뭘 잘 못 알고 오신 것 같습니다. 여기는 육체적 병을 고치는 데가 아닙니다. 다만, 연출 도자기가 심적으로 위안이 될 수는 있겠으나 이미 진행된 육신의 병을 고치는 것은 아니며 불가합니다.

손님 7: 도자기를 연출한 후 기도하면 자연치유력이 배가되어 이적(異蹟)이 일어날 수도 있다고 들었습니다.

원장: 어렵습니다. 가사 사람의 의지와 의식이 감지하지 못하는 형이상학적인 어떤 작용이 있다고 하더라도 1년이 걸릴지 2년이 걸릴지 아예 효과가 없을 수도 있습니다. 그러니 돌아가셔서 병을 완치할 수 있는 좋은 의사를 만나시기 바랍니다.

손님 7: 원장님 모든 종교가 그렇잖아요? 신을 믿고 간절히 기도하면 병이 낫는다구요. 그러니 어차피 찾아뵌 거 효과 없어도 좋으니까 그냥 연출 도자기 주세요.

원장: 손님 제가 책을 집필한 저자이기는 하지만 제 지병인 당뇨도 완치 못하고 약으로 혈당조절을 하면서 삽니다. 다시 말씀드리지만, 연출 도자기는 정신세계에서 일어난 정신의 안정을 도모하는 방편이나 좋은 운기를 이끄는 예술적 매개물로 적합합니다.

그러니 종교를 믿는다고 하셨으니 믿음으로 두드리십시오. 도움을 드리지 못해서 죄송합니다.

다만, 열린 마인드로서 바라본다면 본 연출 도자기는 책 내용에 있듯이 속세를 떠나지 않고 삶에 충실하면서 깨달음을 위한 정신과 영혼의 세계를 정리 정돈하는 학술에 의한 연출 대상물로도 삼을 수 있으며 기타 대상물이나 벽보고 수도 정진하는 것보다는 매우 효과적일 수 있습니다.

  그러므로 모든 이들이 지친 삶에 위안의 대상물이 되었으면 하는 게 제가 이 책을 집필한 계기입니다. 이러한 일련의 과정들로 인하여 불면증에 도움을 줄 수도 있을 것입니다. 물론 사람에 따라서 정도의 차이가 많을 수 있습니다.

....

  손님 8: 오행학에 의한 도자기를 연출하면 정말 육체적 정신적 고통에 효과가 있는지요?

  원장: 앞서 말씀드렸지만 육신의 병마는 수술이나 약을 복용하면서 자연치유력을 높일 수도 있다는 전제이며, 기도와 보편성의 원리는 누구에게나 기회를 줍니다.

  '반드시'라는 전제는 형이하학적으로 장담할 수는 없습니다.

  그러나 가사, 사람의 기에 따라서 효과가 없거나 미미하더라도 다소 크게 손해 볼 일은 없을 것입니다.

  도자기가 남아 있으니까요. 효과의 시간대는 연출한 날로부터 즉시 또는 일주일 또는 1년 이내에 일어날 수 있으며 사람에 따라서 더 오래 걸릴 수도 있습니다.

  손님 8: 책을 읽어보니까 천지창조, 사후세계 관련 내용이 많이 나오는가 하면 꼭 무슨 종교 개념으로도 느낌을 받는데 그런가요?

  원장: 네 오행의 원리를 피력하다 보니 그렇게 느낄 수도 있겠습니다.

각자 생각에 의하여 이해하고 정독 해 주셨으면 합니다.

손님 8: 제가 오늘 원장님을 찾아뵌 이유는, 저는 오래전부터 종교적 믿음에 대하여 의구심과 갈등을 겪어왔습니다.

그러던 중 약10여 년 전에 원장님께서 집필하신 '예수오행'이라는 책을 읽어보게 되었습니다. 2편이 언제 나오나 궁금했는데 이 책이 2편인가요?

원장: 그러셨군요? 2편을 집필하지 못해서 죄송합니다. 어줍잖게 약 10년 전에 책을 집필하였지만 짧은 지식과 생각으로 오류도 많았던 것 같습니다. 이 책은 2편의 개념이 아니라 다소 다른 패러다임으로 집필한 것입니다. 궁금한 점이 있으시면 언제든지 저와 도담을 나눌 수 있습니다.

손님 8: 그럼 이 책을 필두로 조직화할 생각이 있으신지요?

원장: 그건 제가 판단할 일이 아닙니다. 새로운 패러다임에 의한 울타리를 형성하고자 하는 분들께서 계시고, 그분들의 의견을 존중하여 따를 수는 있습니다.

(손님과의 대화 끝)

....

(꿈속의 대화)
따르릉 따르릉~~
전화벨이 울린다.
원장: 여보세요

일본: 모시모시 야부레 가부레 아노 또 저는 "나 까무라쳐"라는 사람이므니다. 선상님 책보고 까무라칠 뻔 해스므니다. 멋져부리므니다. 일본에 지사 부탁 드리므니다.

원장: 네 국제특허 진행 중이니 다시 연락주시기 바랍니다.

....

따르릉 따르릉~~

원장: 여보세요?

중국: 니하오 팀부동 띠부찌 메이오 워아이니 쏼라쏼라 좋은 도자기를 공급하고 싶은데 어떻케 해?

....

따르릉 따르릉~~

원장: 여보세요

투자자: 투자 유치도 하시는지요? 투자하고 싶습니다.

원장: 네 투자 받고 있습니다.

....

따르릉 따르릉~~

오순: 음냐~하~품~여보세요~

지인: 오순 님, 일어나세요. 아직도 주무세요?

오순: 잉! 꿈이었네?

지인: 꿈? 꿈꾸셨어요? 암튼 변리사한테 연락왔는데 국제상표 출원되었답니다.

오순: 연출 도자기에 부착될 오행 캐릭터가 국제상표등록이 되었나보군.

....

위 내용은 〈글을 마치며〉 그대로 실현될 것을 예상하며 진행과정을 재미있게 마감하였다.

이제 도자기는 음식이나 관상용 및 꽃을 담는 용도를 넘어서 시대변천사에 의하여 종이에 쓰여진 부적이나 나무나 옥으로 된 부작, 신표 등을 대신하여 조화로운 기운을 가미시켜 오행의 운행을 근거로 세인들의 상큼한 반려매개물로 거듭나게 될 것이며, 공예품들의 쓰임이 필요성에 의한 공급과 수요의 양상으로 기쁨과 신뢰, 마음의 안정이 각 가정에 충만하기를 바란다.

....

◼ **상담문의**
☞ 연출 도자기를 구매하거나 정할 때, 도자기에 부착하는 캐릭터 구매 등 상담이 필요하면 저자에게 연락하시면 됩니다.

◼ **연락처**
☞ 도자기 연출연구원 도하당, 저자 이오순 010 6297 9817

◼ **이메일**
☞ dsm1624@naver.com

◼ **위치**
☞ 인천광역시 연수구 비류대로 256번길 7-9 4층
(청학동 인성빌딩, 어린이집 건물 4층)

영혼의 소리 도자기 연출법

2025년 7월 10일 1판 1쇄 인쇄
2025년 7월 15일 1판 1쇄 발행

지은이 이 오 순
펴낸이 김 송 희
펴낸곳 도서출판 JMG(자료원, 메세나, 그래그래)

우편 21444
주소 인천광역시 부평구 하정로 19번길 39, B01호(십정동, 성원아트빌)
전화 (032)463-8338(대표)
팩스 (032)463-8339(전용)
홈페이지 www.jmgbooks.kr

출판등록 제2015-000005호(1992. 11. 18)
ISBN 979-11-87715-18-4   13180

ⓒ 이오순, 2025, Printed in Korea.

※ 책값은 뒤표지에 기록되어 있습니다.
※ 이 책의 일부 또는 전부를 재사용하려면 반드시 저작권자와 도서출판 JMG 양측의
　동의를 얻어야 합니다.

뒷면지4